ASI ES PANAMA

Dirección Editorial:	Consuelo Mendoza de Riaño
	Sylvia Jaramillo Jiménez
	Emiro Aristizábal Alvarez
Fotografía:	Alvaro Gutiérrez y Oscar Alvarez
Gerente del Proyecto:	Gustavo Casadiego Cadena
Textos de leyendas:	Indalecio Rodríguez
	Gloria Tisnés
Traducción al inglés:	Luis David Merino
	Lucas Rincón
Diseño:	Enrique Franco Mendoza
Armada electrónica:	Martha Chavarro Barreto
Corrección de textos:	César Tulio Puerta Torres
Películas:	Elograf Ltda.
Impresión:	Panamericana Formas e Impresos
Dirección Comercial:	Elizabeth Pinzón Rodríguez
Comercialización:	Elizabeth Pinzón Publicidad & Medios
	Blanca Lucía Jiménez

Una publicación de Somos Editores y Ediciones Gamma S.A.

ISBN 958-9308-61-9
Primera edición: marzo de 1995
Segunda edición: marzo de 1997
Reservados todos los derechos. Prohibida su reproducción total o parcial
por cualquier medio, sin la autorización expresa de los editores.

ASI ES PANAMA

Editores

Consuelo Mendoza de Riaño

Sylvia Jaramillo Jiménez

Emiro Aristizábal Alvarez

Somos Editores / **Ediciones Gamma**

Nombre oficial:	República de Panamá	**Official Name of Country:**	**The Republic of Panama**
Población:	2.631.213 habitantes	**Population:**	**2,631,213 inhabitants**
Extensión:	75.517 km²	**Area:**	**75,517 km²**
Parte angosta:	82 kilómetros	**Narrowest Distance:**	**82 km**
Area ancha:	242 kilómetros	**Widest Distance:**	**242 km**
Rodeada por costa caribeña:	1.288 kilómetros	**Caribbean Coastline:**	**1,288 km**
Costa Pacífica:	1.701 kilómetros	**Pacific Coastline:**	**1,701 km**
Flota mercante:	10.912 naves del servicio exterior	**Merchant Fleet:**	**10,912 foreign service vessels**

CONTENIDO

Prólogo 7
PROLOGUE PAGE 235
Luis H. Moreno Jr.

Historia 15
HISTORY PAGE 237
Jorge Kam Ríos

Economía 65
ECONOMY PAGE 239
Guillermo Chapman

Centro Bancario Internacional 81
INTERNATIONAL BANKING CENTER PAGE 241
Nicolás Ardito Barletta

Canal de Panamá 149
CANAL OF PANAMA PAGE 243
Gilberto Guardia Fábrega

Areas Revertidas de la Antigua Zona del Canal 162
PANAMA'S INTEROCEANIC AREA AND THE TRANSFERER FORMER CANAL ZONE PAGE 245
Nicolás Ardito Barletta

Zona Libre de Colón 170
FREE TRADE ZONE OF COLON PAGE 247
Victoria H. Figge

Cultura 192
CULTURAL SCENARY PAGE 249
Alfredo Figueroa Navarro

Folclore 202
FOLKLORE PAG 251
Dora P. de Zárate

Paraiso Ecológico y Turístico del Mundo 218
PANAMA: WORLD ECOLOGICAL AND TOURISM PARADISE PAGE 255
Pedro Campagnani Tejada

Autores 262

Prólogo

Luis H. Moreno, Jr.

Al estilo del inmortal y severo español don Miguel, lo que se encontrará al abrir estas páginas, más que un libro es el intenso palpitar de una nación, en el embrujo, en el devenir, en los sueños y desbordes de su "muy noble y leal ciudad" capital, como la honró Felipe II. Establecida en los albores del siglo XVI la espléndida realidad geográfica del Istmo, se encontró frente a la encantadora isla de Taboga, "refugio y alero de conquistadores y piratas, inspiración y solaz de notables y artistas, entre estos Gauguin, el lugar indicado para fundar, el 15 de agosto de 1519, la primera ciudad "en las riberas del Mar del Sur" que seis años antes descubriera Vasco Núñez de Balboa.

Arbol robusto y copioso, abundancia de peces y faenas de pesquería, enjambre de llamativas mariposas, cualquiera que fuese el origen autóctono del nombre, Panamá transpira por siglos las características que esos símbolos le plasman: agreste, cordial, colorida y alegre, generosa hasta el sacrificio, orgullosa e indómita en el corazón.

De estas playas cálidas partieron las temerarias expediciones que descubrieron Centro y Sur América, y se conquistó el vasto imperio de los incas. Hacia su estrechez maravillosa y codiciada convergieron todos los caminos del comercio prístino hispanoamericano, para vestir a la nueva beldad urbana como la capital de Castilla del Oro.

El Camino de Cruces, que unía a la Ciudad de Panamá con la famosa sede de las esplendorosas y ricas ferias de Portobelo; la senda más corta pero menos confiable de Gorgona, y el increíblemente servicial río Chagres, dieron vida, desde el siglo XVI, a lo que fue el sueño de muchos, fracaso de otros y dominio de quien supo vencer los múltiples obstáculos que hacían difícil la apertura de una vía interoceánica.

Conmovedora y admirable es la historia del clérigo escocés William Patterson, fundador del Banco de Inglaterra, quien hace precisamente trescientos años sacrificaba seguridad, salud y fortuna para establecer en Panamá un punto crucial del comercio mundial y su asiento financiero, preludio visionario del centro bancario internacional que en Panamá funciona con más de cien bancos extranjeros y nacionales desde hace un cuarto de siglo.

Una y otra vez resurgió la opulenta y activa Ciudad de Panamá de las cenizas y la destrucción a las que accidentes y manos criminales la sometieron. El pirata Henry Morgan la asedió hasta su postración en 1671. Sus aproximadamente 7.000 habitantes se refugiaron entonces en las mejor protegidas faldas del Cerro Ancón, que es donde se ubica el Casco Viejo o el pintoresco barrio de San Felipe de la actual Ciudad de Panamá.

Cuántas alegrías y sinsabores, cuánta lucha y determinación, cuántos retos y oportunidades ha vivido Panamá, no sólo para aprovechar sus ventajas sino para defenderlas de quienes, junto con su dominio o hegemonía, han incursionado incesantemente en la cultural raizal del panameño.

El oro de California revivió la ciudad a mitad del siglo XIX, dos centurias después de Portobelo. El primer ferrocarril interoceánico en el mundo transportaría en veinte años a través del Istmo, en ambas direcciones, 596.331 pasajeros y más de 750 millones de dólares en oro en polvo y en pepitas y en monedas de oro y plata. El bullicio en las calles, en las fondas, en las hospederías, en las estaciones, en las tabernas, fue imprimiendo de actividad y cosmopolitismo la vida de una ciudad donde las costumbres más diversas tuvieron que armonizar y tolerarse, para convertirla en el reverbero y crisol de razas y culturas que es hoy.

Pocas ciudades han evolucionado y labrado su personalidad al influjo de tantas vicisitudes y destellos. El inicio del Canal por los franceses, la titánica construcción final de la obra por Norteamérica; los riesgos y amenazas a la vía por dos guerras mundiales con todas las calamidades y disciplinas de defensa y reglamentaciones pertinentes: uno de los ejemplos de mayor lealtad que puede verse entre dos intereses nacionales solidarios. La ciudad fue, sin dormir, sin cesar, testigo del desbordamiento de las tropas en licencia, invadiéndolo todo, con su risa y su misión a cuestas, en búsqueda de diversión o de consuelo. "El buen vecino" los recibió hospitalario, tanto en la cantina como en el hogar.

Su última presencia organizada fue destructiva. La recuperación del orden y la libertad costó vidas inocentes y la desaparición de uno de los barrios humildes más caracterizados de la urbe: el Chorrillo, al lado del que se había erigido el cuartel central de la otrora poderosa y represiva fuerza armada panameña.

Con los pies inmersos en las aguas de la famosa zanja internacional, la Ciudad de Panamá creció, casi en forma lineal, estrechada por las cinco millas colindantes de la antigua Zona del Canal, para luego extenderse en desordenado abanico por cerros y fincas, que hoy albergan modernas barriadas de unidades unifamiliares de obreros y profesionales y conglomerados improvisados que no van de la mano con la civilización. El complejo y creciente problema del transporte está, por otra parte, aún lejos de solucionarse.

Pero entre el colonial Paseo de las Bóvedas, en la punta amurallada de la vieja ciudad, y los improvisados, populosos y distantes suburbios de San Miguelito y Tocumen, que son ya definidas divisiones políticas territoriales, hay toda una gama de contenido histórico, de crecimiento pujante, de impresionantes construcciones y de desarrollo social, con todas las señales y evidencias, buenas e ingratas, de una metrópoli coronada de rascacielos, bordeada de tugurios y palpitante de inquietudes.

El Casco Viejo respira historia con sus seis templos, incluyendo la catedral metropolitana tricentenaria, el casi horizontal Arco Chato de Santo Domingo, que pregona por un lado la pericia de sus constructores y por el otro el desafío de cal y canto a las amenazas sísmicas, uno de los legendarios argumentos para la apertura de un canal de esclusas por Panamá; las ruinas de la primera Universidad de San Javier; la antigua Casa de Aduanas convertida hoy en el Palacio Presidencial, el Palacio de las Garzas; la Sala Capitular donde se celebró el Congreso Anfictiónico convocado por Bolívar; la vieja Corte Suprema de Justicia; el Paseo Monumento a los Franceses, con su apretada síntesis histórica sobre el Canal, en mármol; el viejo Cuartel de Chiriquí, con su triste pasado de ejecuciones; el mercado público; cuatro plazas relevantes incluyendo la de la Independencia y la popular "del arrabal" de Santa Ana, donde en noches tibias aún resuenan románticas retretas; el Teatro Nacional; el Palacio de Gobierno; las primeras sedes cen-

Una plazoleta forma el atrio de la iglesia de Santo Domingo, donde se encuentra el célebre Arco Chato con la capilla del Rosario, sede del Museo de Arte Religioso, en el Casco Viejo de Panamá.

A small square forms the atrium of the Santo Domingo Church, where the celebrated "Arco Chato" (literally, "Pug-Nosed Arch") of the Rosario Chapel is located. This is the headquarters of the Museum of Religious Art in the Casco Viejo Sector of Panama City.

trales de los más antiguos bancos del país: el Citibank, el Banco Nacional de Panamá y el Chase Manhattan; toda una concentración de elementos rutilantes en el desarrollo de la primera ciudad en el litoral Pacífico del continente, testimonios de gestas patrióticas y movimientos políticos; expresión artística de diferentes escuelas, corrientes e influencias.

La Avenida Central, bazar del mundo, hoy vía peatonal de múltiples acentos. La imponente estación del ferrocarril, sede del Museo del Hombre Panameño, en la Plaza 5 de Mayo, en conmemoración del sacrificio cívico de bomberos abnegados, partía y paralizaba un activo trecho de la ciudad por muchos años. Calidonia con su desaparecido edificio insigne de inquilinato, la Casa Miller, alberga aún descendientes de los obreros importados de las Antillas para los trabajos del Canal. Los barrios de La Exposición, Bella Vista, La Cresta, El Cangrejo, Paitilla, San Francisco, Altos del Golf, Betania, La Gloria, El Dorado y muchos otros, forman ese complejo creciente de residencias unifamiliares y multifamiliares donde el hermano es el vecino más cercano y donde el compromiso cívico está siempre alerta para asegurar el progreso. La medicina se practica en modernos hospitales públicos y privados, pero la salud aún no es igual para todos. La educación, sometida a reformas necesarias, apuntala la inversión y el esfuerzo, y hace proliferar una pléyade de universidades.

La interminable, versátil y adaptable Vía España alienta el centro bancario, al igual que el comercio, la industria y la diversión. Por su congestionada arteria fluye la emoción de patria un 3 de noviembre, como la desbordante alegría un martes de Carnaval. Pasados los antiguos caseríos de Pueblo Nuevo y Juan Díaz, la avenida principal de la ciudad se diluye en las distantes vías que conducen al aeropuerto internacional de Tocumen.

Qué ciudad ésta la de Panamá: de un villorrio pesquero a una metrópoli de reconocido acento cosmopolita y con alma de saloma, de tierra adentro, fresca y generosa, espontánea y alegre. De sus engarzados surtidores no acaba de destilarse una cultura que definirá la nación, pero todos nos sentimos orgullosos de ella, parte integral de sus ensueños, por ella suspiramos, reímos, lloramos y estamos dispuestos a ofrecer la vida.

El encargo de escribir este prólogo, más que tarea, es emoción, porque la ciudad se "ha hecho pedazos en mis brazos" como una amante en el Poema Doloroso de Miró. "Tú que lo tienes todo, qué puedo ofrecerte para merecer tu amor", apasionado pregunté una vez. Y la bella amiga respondió con ternura y ansiedad: "Regálame la ciudad". Gracias, a los editores de este libro, por hacer realidad ese deseo.

Las ruinas de Panamá Viejo, incendiado durante un ataque pirata en 1671 y jamás reconstruido, son muestra de la arquitectura que dejaron los colonizadores del mil quinientos. En la página opuesta la torre de lo que fue la Catedral.

The ruins of Old Panama City, which was burnt in a pirate attack in 1671 and was never rebuilt, are one example of the architecture left by the colonizers in 1500. On the opposite page, the tower that was once the Cathedral.

La estrechez de sus tierras entre un océano y otro, favoreció para que fuese justamente en el Istmo de Panamá donde se construyera el único canal interoceánico del continente.

The fact that this is a thin stretch of land separating the two oceans was what made the Isthmus of Panama the ideal spot for building the only interoceanic canal of the Americas.

El primer intento de construir un canal lo llevaron a cabo los franceses, fracasando debido a las diversas enfermedades. Sin embargo, los norteamericanos culminaron con éxito la obra. El tránsito inaugural estuvo a cargo del vapor Ancón, el 15 de agosto de 1914.

The French were the first who tried to build a canal here, failing due a selection of ills. Nevertheless, the Americans were able to finish the job successfully. The inaugural voyage feel to the Ancón Steam Ship on August 15, 1914.

Historia

Jorge Kam Ríos

Con suma frecuencia se escucha que el más valioso recurso natural de Panamá es su situación geográfica. Si bien esta afirmación pudiera ser cierta, tampoco es menos cierto que su gente tiene igual valor. Pero antes de hablar de su historia creemos necesario y conveniente verter, de manera sucinta, algunos aspectos de la geografía panameña.

Respecto de la línea ecuatorial y el meridiano *cero*, el Istmo de Panamá se localiza en los hemisferios Norte y Occidental. Por encontrarse entre los trópicos de Cáncer y Capricornio, se ubica en la zona conocida como intertropical. La región ístmica constituye el espacio más angosto de la geografía americana.

El Istmo de Panamá limita al este con Colombia y al oeste con Costa Rica; por el sector norte lo baña el mar Caribe, y por el sur el océano Pacífico.

Con una forma de "S" acostada y 75.517 kilómetros cuadrados de territorio (según cálculos efectuados por satélite), el Istmo de Panamá dispone, frente a sus costas, de un total de 1.518 islas o islotes, entre las cuales se destacan la Isla de Coiba (la más grande), la Isla del Rey, Contadora, Escudo de Veraguas, Isla Colón y el archipiélago de Las Mulatas. En su relieve predominan las tierras bajas y las elevaciones que constituyen el treinta por ciento del paisaje y de las cuales sobresale, en su cordillera Central, el majestuoso e imponente volcán Barú, cuya altura es de 3.475 metros.

Su geología guarda estrecha relación con las regiones mesoamericanas y antillanas. Su constitución morfológica indica un claro predominio de formaciones terciarias sobre las del cuaternario antiguo y medio.

La República de Panamá, con apenas dos millones de habitantes, se organiza en nueve provincias (Bocas del Toro, Coclé, Colón, Chiriquí, Darién, Herrera, Los Santos, Panamá y Veraguas) y dos comarcas indígenas (San Blas y Emberá).

¿Pero, históricamente, qué es Panamá?

Al igual que el resto de América, Panamá es una nación que comenzó a forjarse desde épocas muy remotas, por aquellos paleonativos migrantes que entraron por diversas vías y medios al continente americano y dieron forma al hombre americano. En lo concerniente al Istmo de Panamá, damos el nombre de paleonativos a los más antiguos pobladores y componentes basales de los posteriores habitantes: los indoamericanos.

Según Roberto de La Guardia, la historia de estos primeros pobladores experimentó un proceso evolutivo que comprende desde 11.000 B.P. hasta nuestros días. Esta temporalidad se encuentra desarrollada, dice De La Guardia, en los siguientes ocho períodos:

—El Período Cero o de los *Cazadores de Megafauna*. La presencia de estos primeros hombres se percibe en lugares como lago Madden, Coca, río Manzíbar y Los Zanjones. En estas zonas los cazadores paleolíticos desarrollaron un sistema de cacería que llevó a la total extinción de animales como el oso perezoso gigante, el armadillo gigante, elefantes, mamuts y toxodones.

—En los períodos Uno o *Procerámico* y Dos o *Cerámico*, se experimentó un avance cultural de los descendientes de los anteriores migrantes cazadores. Empezó a manifestarse una cultura lítica de artefactos con núcleos tallados de lado, de hachas bifaciales, raspadores, *choppers*, cuchillos de lascas, *anvils* y cascanueces. Fue una fase de transición hacia la recolección, y alguna dependencia de animales fluviales y marinos. El hombre se especializó y desarrolló una cerámica que tiene, como uno de sus exponentes más notorios, la cerámica tipo *Monagrillo simple* (enrollado, de textura granulosa, carente de decoración), *Monagrillo inciso* (enrollado, mejor alisada, decorada, punteada, de líneas incisas y excavada antes de la cocción) y *Monagrillo rojo* (similar a la Monagrillo simple pero decorada con pintura roja en todo el exterior y con motivos geométricos).

—En el Período Tres o *Agricultores* y el Período Cuatro o *Escultores* o *Esclavistas*, evolucionaron los primeros habitantes del Istmo de Panamá hacia la formación de núcleos de población, al ganar terreno la vida sedentaria por la práctica de la agricultura del maíz asociada con el desarrollo de fríjoles criollos, productos palmáceos y, probablemente, aguacate. De igual manera, el desarrollo artístico-artesanal alcanzó grandes ribetes con la denominada cultura de *Barriles*, en la que se manifestó la destreza de los escultores del lugar, como lo revelan las figuras con cargadores, los barriles esculpidos en piedra, las estatuas con sombreros cónicos y los famosos *metates*.

—Los períodos Cinco u *Orfebres* y Seis o *Sacerdotes* tienen como puntales de gran trascendencia arqueológica e histórica el Sitio Conte y El Caño (éste último es el único museo *in situ* o al aire libre que existe en toda la República de Panamá). En el caso de Sitio Conte, la variedad de piezas de oro deslumbró no sólo a los coleccionistas sino también a los entendidos. En este lugar se rescataron

Las ruinas de Panamá Viejo hacen parte de la información histórica que recibe el turista que visita Panamá.

The ruins of Old Panama City are just one part of the historic information available to tourists who come here.

cascos, pecheras, patenas, pendientes planos, narigueras, collares, brazaletes, carretes para las orejas, en fin, un manantial de objetos fabricados con "el sudor del sol". El Caño mantiene vívida, en las personas que lo visitan, las siluetas de lo que parece haber sido un sitio ceremonial por el alineamiento de las columnas de basalto. Sus riquezas, sustraídas en nombre de la ciencia, esperan ser rescatadas, no de la tierra, sino de los museos norteamericanos.

—El Período Ocho o *Contacto-Cacicazgos* pone de relieve la organización de la vida política a modo de cacicazgos. Según Marcela Arosemena, estos cacicazgos iban de costa a costa y se "intercambiaban productos que faltaban en algunos de los ambientes y mantenían alianzas para la hegemonía cacical". Fue el período en el que hicieron su aparición los hijos de la península ibérica. Descendientes de estos cazadores de megafauna, de estos diestros ceramistas, orfebres y escultores, son los llamados indios de Panamá, de los que, pese a haber desaparecido un gran número de etnias, les sobreviven estos pueblos:

—Los *gnobes y bugleres*, mejor conocidos como guaymíes. Se ubican en las provincias de Chiriquí, Bocas del Toro y Veraguas, áreas que en su conjunto son llamadas por ellos *Doboteme*. Desarrollan allí formas poligínicas; juegos como la *balsería o krung-kita*; cultos religiosos como el de *Mama-chí;* rituales de pasaje como el *güoro mindi;* y fiestas ceremoniales como la *chichería* o fiesta del trueno.

—Los *emberáes* y *uaunanes*, conocidos como chocoes. Grupo próximo a las fronteras con Colombia, habitan la provincia de Darién o comarca *Emberá* o *Taitrua*. En esta

La más espectacular de las ruinas de Panamá Viejo es el torreón o torre de la Catedral. A pesar de haber sido la primera sede de la ciudad, luego del incendio que ocasionaron los piratas en 1671 jamás fue reconstruida.

The Cathedral Tower is the most spectacular of Old Panama City's ruins. Though this was the site of Panama's first government, the Tower was never rebuilt after pirates burned it in 1671.

zona mantienen formas monogámicas, amparadas por los *sanhwares* y *nokoes*; superviven prácticas chamanísticas dirigidas por el *jaibaná*, hombre de medicina que cura con el canto de la noche y que se auxilia con terapéuticas espirituales y naturistas.

—Los *dules o kunas*, ubicados en Kuna-Yala, Alto Tuira-Chucunaque y Madugandí. Quizá sea el grupo indígena del Istmo de Panamá mejor estudiado, amén de su famosa artesanía conocida como mola. Fuera de eso podemos resaltar: la *icco inna* o chicha de la aguja; la *inna suit* o chicha larga; el *serkú-et* o ritual de pasaje para las muchachas púberes; la *inna mutiki* o chicha de la noche o de la pubertad; el *ome nikúet* o ceremonia del matrimonio; su organización social y comunitaria, en la que el pueblo es el mejor garante de la aplicación de las normas, y sus dioses la certeza de la unidad de la etnia. Los dules son el pueblo de *Paba y Nana* (dioses creadores), de *Ibeorgún* (especie de Prometeo) y de los *Nelegan*, quienes con sus conocimientos no sólo anunciaron las inundaciones, los terremotos y las plagas sino la llegada de los españoles.

Estas son las comunidades que entraron en contacto con la segunda oleada de población del Istmo de Panamá, la cual hizo su debut en la historia local en 1501, cuando parte de la geografía del Caribe istmeño fue visitada por Rodrigo Galván de Bastidas y, luego, en 1502 por Cristóbal Colón, quien, en busca del famoso estrecho hacia las Indias comenzó a nombrar algunos parajes y accidentes geográficos del norte panameño: Bocas del Toro, Veragua, Almirante, Puerto Escribano, Portobelo, Santa María de Belén, por citar nada más los renombrados.

Un nuevo rostro empezó a delinearse en Panamá, de manera organizada y formal, cuando se creó la primera ciudad de tierra firme en 1510: Santa María la Antigua del Darién, que tuvo como primeros alcaldes a Vasco Núñez de Balboa y Martín de Zamudio. Santa María se constituyó en el trampolín desde el cual se lanzaron y organizaron las expediciones que darían a conocer a Europa el Mar del Sur en septiembre de 1513, las tierras de Centro América y el principio del fin del Imperio de los incas.

Empero, lo trascendental para el Istmo fue la fundación de Ciudad de Panamá el 15 de agosto de 1519 y la orden de poblar Nombre de Dios, para la misma fecha, quedando así más o menos delineada la ruta transístmica. Sin embargo, la necesidad de puertos seguros y definibles condujo a la metrópoli hispana a ordenar que de la población de Nombre de Dios se tomara, en 1597, lo necesario para fundar una de las ciudades más prósperas e importantes del litoral caribeño: Portobelo, la ciudad de las fortalezas, tales como los castillos de San Felipe, de San Jerónimo, de Santiago de la Gloria, de San Cristóbal, de San Fernando y San Fernandito, y de los fuertes de Triana y del Perú. Es el Portobelo de la famosa Aduana, de las celebérrimas ferias. Portobelo, la ciudad asediada por piratas y corsarios de la talla de Francis Drake y Henry Morgan, este último famoso por ser el que, en 1671, se tomó lo que hoy conocemos como Panamá la Vieja.

La toma de la ciudad de Panamá por parte del pirata Morgan provocó el movimiento de la ciudad a su actual emplazamiento, en febrero de 1673, lo que ahora nos permite regocijarnos con lo que turísticamente es el Casco Viejo, sitio donde el visitante puede solazarse con la Iglesia de la Merced, de la orden de los mercedarios (1680); con las murallas de la ciudad o lo que queda de ellas, o sea, el Baluarte de Jesús (1790); la Iglesia de San José (1677), de los agustinos recoletos, donde vino a reposar el altar de oro recuperado de los destrozos causados por los piratas en la vieja Panamá; el Convento de la Compañía de Jesús, sede de la primera universidad, que funcionó en 1744 y que fuera obra de los jesuitas; la Plaza de la Independencia o Plaza Mayor (1675) y la Iglesia Catedral, construida inicialmente de madera y que posteriormente se mandó a edificar, en 1688, con materiales sólidos y menos perecederos; aún así, su construcción tomó 106 años. Trescientos veinte años duraron los vínculos con Espa-

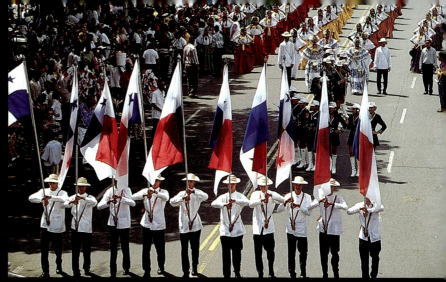

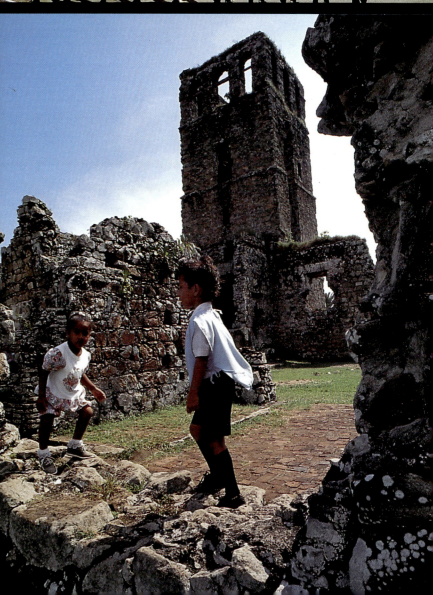

ña: tres siglos en los que las bases de la cultura hispanoamericana local se fue moldeando y adaptando según la religión, el idioma y las instituciones políticas y sociales.

Pese a ser declarada *Ciudad Fiel* por España, durante los turbulentos días de las guerras de independencia americana, el 28 de noviembre de 1821 el Istmo de Panamá declaró disuelto el pacto colonial con la madre patria. Esto significó la independencia del Istmo y su incorporación a la Nueva Granada.

Fue la imagen de Bolívar, dicen los testigos de la época, la que inspiró a los patricios panameños a declarar unido el Istmo a la Gran Colombia, al incorporarse a la Nueva Granada como departamento, el cual es conocido por la historia como Departamento del Istmo. Ochenta y dos años duró la relación con la hoy República de Colombia. Fue el laboratorio político de los istmeños, donde antes de

La Corona española gastó millones en fortificar a Portobelo, ubicado sobre el océano Atlántico, sin lograr su propósito defensivo. El puerto, descubierto por Cristóbal Colón en 1502, cayó siempre en manos de piratas y bucaneros. Hoy, sus ruinas son testimonio del paso de los españoles por América.

The millions spent by the Spanish Crown to fortify the Atlantic Port of Portobelo, discovered by Columbus in 1502, proved fruitless because the Port fell into the hands of pirates and buccaneers. Today, these ruins bear witness to the passage of the Spanish through the Americas.

la separación definitiva protagonizamos dos separaciones (una liderada por José Domingo Espinar, en 1830, y la otra por el venezolano Juan Eligio Alzuru, en 1831); una república de corta duración (el Estado Libre del Istmo —1840-1841— cuyo líder fue el general Tomás Herrera); una autonomía soberana (el Estado Federal de Panamá, promovido por Justo Arosemena, 1855-1885); la participación en una cruenta guerra civil (la de los Mil Días), hasta llegar a la ruptura total en 1903.

Sin embargo, cuando el istmo fue colombiano, los sueños de unir el Caribe con el Pacífico dejaron de ser sueños al iniciarse la serie de estudios, acuerdos, convenciones y tratados que condujeron al Canal de Panamá de hoy.

En 1849, Colombia otorgó la concesión para la construcción de lo que sería el primer ferrocarril transcontinental del mundo, inaugurado en 1855. Así mismo, dio concesión a los franceses para la construcción del Canal que se inició en la década del ochenta del siglo XIX y la cual es de triste recordación por el abrumador fracaso pese a ser dirigido por el gran francés Ferdinand de Lesseps.

La alborada del siglo XX vio emerger a los istmeños como Estado nacional el 3 de noviembre de 1903, cuando los próceres del momento decidieron dejar de ser el famoso "pescuezo de gallina" de Colombia, del que habla Eduardo Lemaitre, y enrumbar sus pasos hacia el sendero de la plena soberanía. Se iniciaron la República de Panamá y las relaciones con Norteamérica, que también inauguró el siglo como potencia imperial, después de la guerra del Caribe contra España. Comenzaron las eras del gran garrote, de la diplomacia del dólar, del moralismo wilsoniano, del buen vecino, de la Alianza para el Progreso y de los derechos humanos.

La historia de Panamá en este siglo es la de un país cuya economía y prestancia mundial se ponen de relieve en tres etapas de sumo interés:

— La de socios de los Estados Unidos en la construcción del Canal —*pro mundi* beneficio—, para el servicio del comercio del mundo. Esta relación determinó la influencia de los norteamericanos en nuestra vida política, cuyo epílogo empezó a escribirse con los incidentes del 9 de enero de 1964, los cuales cambiaron la perspectiva de las relaciones panameño-norteamericanas que tienen como cúspide la concertación de los Tratados Torrijos-Carter de 1977.

— La creación por el presidente Enrique A. Jiménez en 1948, de la Zona Libre de Colón, estructura que permitió a la República de Panamá prestar su posición geográfica, nuevamente, al servicio de la vida mercantil del mundo. Logró con ello el Istmo un desarrollo económico reforzado por el uso paritario de la moneda panameña, el balboa, con la moneda de Estados Unidos, el dólar.

— Una tercera etapa en el desarrollo económico se presentó bajo el gobierno de los militares, específicamente del general de Brigada Omar Torrijos Herrera, desarrollo que se vio refrendado por el surgimiento del sistema bancario y las leyes de formación de sociedades, que convirtieron a Panamá en la Suiza de América. Sin embargo, este sistema y engranaje se vio casi frenado y arruinado por una "causa justa" en su atmósfera, pero "injusta" en su litosfera: la invasión del 20 de diciembre de 1989: Norteamérica invadió Panamá para atrapar al general Manuel Antonio Noriega. No obstante, desde la invasión hasta la fecha, el Panamá de hoy se recupera a pasos de gigante y con una velocidad y experiencia que nos permitió recobrar el paso y el aliento andado de la paz, la justicia y la libertad, para recibir a sus hijos y visitantes con un abrazo multiforme, porque *Así es Panamá...*

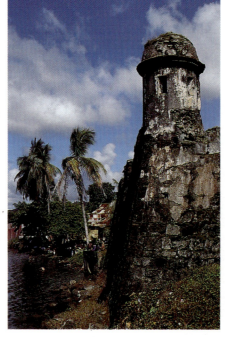

Ciudad de Panamá fue reubicada en la zona del Casco Viejo, sobre el océano Pacífico. Este sector, cuna de la democracia panameña, conserva su arquitectura original.

Panama City was relocated in the Casco Viejo area on the Pacific, the birthplace of Panama's democracy, which conserves its original architecture.

El Casco Viejo se ha convertido en el centro cultural de la capital. Las ventanas y fachadas, diseñadas hace varios siglos, son hoy motivo de admiración. Tal es el caso del Hogar de la Infancia.

The Casco Viejo area has become the cultural center of the Capital. The windows and housefronts, which were designed centuries ago, are widely admired today. The Hogar de la Infancia is one of the standouts of this area.

La influencia de la arquitectura francesa en la segunda mitad del siglo XIX, también dejó su huella en Panamá. Después de demoliciones y descuidos se recupera ahora la idea de preservar la obra de herrería de sus balcones y de darle el cuidado y el mantenimiento necesarios.

The influence of French architecture during the second half of the 19th Century can also be seen in Panama. After years of demolitions and abandon, the idea of preserving and maintaining the wrought-iron balconies has fortunately begun to catch on once more.

Las construcciones del Casco Viejo se caracterizan por la ornamentación en sus puertas y ventanas. Ejemplo notable es el edificio llamado La Pollera en referencia al adornado traje típico nacional.

The constructions in Casco Viejo are characterized by their ornate doorways and windows. One good example of this style is La Pollera Building, whose name pays homage to the typical national costume.

Así se aprecia la fachada del Palacio Presidencial o de Las Garzas. Durante un siglo esta casa fue sede de la Aduana Nacional.
Hace cien años era sede de la Gobernación del departamento, cuando Panamá pertenecía a la Gran Colombia. El Salón Amarillo es uno de los más imponentes dentro del Palacio de las Garzas. Las paredes y sus pinturas, con más de 50 retratos, representan a los Presidentes que ha tenido Panamá.

Like this looks the Presidential Palace (called "Las Garzas", literally, "The Herons"). This building was the headquarters of the National Customs House for a century; 100 years ago it housed the Departmental (i.e., Provincial or State) Government Offices, when Panama was part of the nation of Gran Colombia. The Yellow Room (called "Salón Amarillo") is one of the most impressive places in Las Garzas Palace, where there are more than 50 portraits of Panama's Presidents.

En las grandes ocasiones el Salón Amarillo del Palacio Presidencial es el escenario de las ceremonias del Estado. Bajo las alegorías patrióticas y las escenas de las hazañas de los colonizadores, y la mirada de los gobernantes y los frescos del pintor panameño Roberto Lewis, aquí se han cumplido históricas jornadas de la vida política de Panamá.

The Yellow Room is also where the grandest events are held. The pictorial representations of patriotic allegories and scenes of the brave deeds of the colonizers have proven to be the perfect backdrop for today's important political events, all of which have taken place in plain view of both current political leaders and the portraits of those of yesteryear by Panamanian painter Roberto Lewis.

La arquitectura del actual Palacio Presidencial ha sido varias veces modificada. Una de las mayores remodelaciones fue ordenada por el presidente Belisario Porras a comienzos de la década de 1920. El resultado: el bellísimo "patio morisco" que se admira al ingresar, por donde circulan a diario las garzas que allí habitan.

The architecture of the current Presidential Palace has been remodeled various times, one of the most important of which was ordered by President Belisario Porras in the early 1920's. The result: A beautiful "Moorish Patio" which can be seen upon entering the grounds and which is the favorite spot of the herons that are the trademark of the Palace.

El panorama arquitectónico del Casco Viejo ha evolucionado durante los últimos tres siglos. Las casas de este sector han empezado a ser restauradas y habitadas por personalidades de la vida pública, como la edificación de la izquierda, en cuyo segundo piso vive el actor, cantante y político Rubén Blades, vecino del pintor Brooke Alfaro, que reside en el tercero.

The architectural panorama of Casco Viejo has evolved over the last three centuries. Important public figures have begun restoring and moving into the houses in this area. For example, on the left you can see the building where singer-politician Rubén Blades lives (on the second floor) as does painter Brooke Alfaro (on the third floor).

La Plaza de Francia es el rincón histórico por excelencia del Casco Viejo, y escenario de la vida política del país. Está ubicado junto al Fuerte de Chiriquí, que sirvió como cuartel y prisión en el siglo XVII. Cerca de esta plaza se encuentra el Teatro Nacional, la sala más importante para presentaciones artísticas y culturales. Su construcción, de estilo republicano, es de comienzos de siglo.

The Plaza de Francia is an excellent historic corner in Casco Viejo because it has been center stage for the country's political life. It is located next to Chiriqui Fort, which was a barracks and prison in the 17th Century. The National Theater, the most important center for artistic and cultural presentations, is located near the square. Its Republican-style architecture dates back to the turn of the century.

Los últimos gobiernos han activado un programa para la conservación de la arquitectura en las antiguas construcciones de la zona del Casco Viejo, integrado por los barrios de San Felipe y Santa Ana. Entre las más importantes figura la estación del Ferrocarril, hoy Museo del Hombre Panameño.

Recent administrations have started up a Program for the Preservation of Architecture in antique constructions in Casco Viejo, which includes the neighborhoods of San Felipe and Santa Ana. Among the spots that have benefitted from these efforts are the old Train Station, which is now the Museum of the Panamanian People ("Museo del Hombre Panameño").

La silueta de un balcón sirve de marco a la fachada de la Catedral Metropolitana de Panamá —en la página anterior— cuyo principal material es la piedra marina. Su construcción duró más de 200 años, y el reloj marca la hora desde 1781. En esta página, el monumento al Libertador Simón Bolívar, en la plaza que lleva su nombre, y la reconstrucción de la vieja Casa Municipal.

On the previous page, the silhouette of a balcony is the perfect frame for a view of Panama's Metropolitan Cathedral, whose facade is made mainly of marine stones and which took over 200 years to build. The Cathedral's clock has told time since 1781. On this page, the Monument to Liberator Simón Bolívar, in the plaza bearing the same name, and the reconstruction of the old Municipal House ("Casa Municipal").

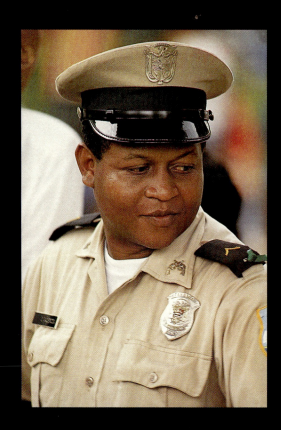

En las fiestas patrias los desfiles tienen un recorrido obligatorio por las calles viejas de la ciudad.

On patriotic holidays, one of the obligatory routes of the traditional parades is through the city's older streets.

El Casco Viejo es centro de ceremonias como el cambio de guardia y los conciertos de la Banda Republicana. Estos últimos, que tienen lugar al atardecer, rompen el silencio con los acordes del Himno Nacional.

Casco Viejo is the site of ceremonies like the Changing of the Guard and the daily concerts of the Band of the Republic at sunset, when the silence is broken with the strains of the National Anthem.

Flores y colores son parte del decorado en las fachadas del Casco Viejo. En una esquina de Santa Ana, los cuidados han hecho florecer las materas que cubren de arriba abajo una antigua casa. Y a falta de una nomenclatura conocida, los colores ayudan a localizar las direcciones en la capital panameña.

Flowers and colors are an integral part of the decoration of the houses in Casco Viejo. On one corner in the Santa Ana neighborhood, the owner's green thumb has helped a innumerable planters flourish, covering the whole facade of the old house from top to bottom. The lack of a reliable numbering system has led people to depend on the colors to find addresses in the Capital of Panama.

En los últimos años ha surgido el interés por restaurar y conservar el esplendor del Casco Viejo, cuya época dorada fue la segunda mitad del siglo XIX. En la fachada de esta casa se pueden apreciar los resultados.

In the last few years, there has been more interest in conserving and restoring the splendor of Casco Viejo, whose golden age was the middle of the 19th Century. The results of this movement are plainly evident in the facade of this house.

En el mercado público, además de condimentos y vegetales, se negocian limones, nance, otoe, yuca... Todo bajo la garantía de la pesa oficial. Y para la agobiante sed, nada mejor que un "raspao" de hielo con sabor a fruta. No puede faltar la cubierta de miel de abejas o leche condensada.

At the open-air public market, in addition to spices and vegetables, you can bargain for limes, nance or golden spoon, the native "otoe" and cassava— all with the guarantee of the fairness of official scales! And to quench the insatiable thirst of die-hard shoppers, what could be better than a "raspao", a crushed-ice drink flavored with fruit juice sweetened with a topping of pure honey or condensed milk.

En un trayecto de dos kilómetros, la Avenida Central es vía peatonal desde 1992. Los ruidosos buses y los impacientes taxis se fueron para dar paso a los transeúntes y a las palomas, las cuales acentúan la imagen de paz que se vive en Panamá.

Since 1992, Central Avenue has been a pedestrian walk for a stretch of two kilometers. Long gone are the noisy buses and impatient taxis, which have given way to passers-by and pigeons, just another sign of the peaceful pace of life in Panama.

La actividad comercial de esta zona se mezcla con escenas de la vida cotidiana tan pintorescas como la ropa que se seca en cuerdas extendidas de balcón a balcón.

Business in this neighborhood mixes with daily scenes as picturesque as the balcony to balcony clotheslines.

La economía informal también tiene vigencia en Panamá. Extensos sectores populares viven de ella. La oferta de copas de carro o de tanques de plástico vacíos es el eslabón final de una cadena que representa ingresos para muchos. Otros dejan transcurrir el tiempo dedicados a jugar al dominó bajo la sombra de los árboles en el Parque de los Aburridos.

Informal employment is also a reality of Panama. There are extensive popular sectors that survive on whatever they can drum up. The final links in a chain that means income to many are street sales of hubcaps or empty plastic tanks. There are others content to pass the time playing dominoes under the shady trees in Los Aburridos Park (literally, "The Park of the Bored Ones").

El poeta de Veracruz ha cubierto los muros de su casa con sentidas y originales expresiones. Cerca de allí, un grupo de niñas se divierte saltando la cuerda.

The Veracruz poet has covered the walls of his house with original heartfelt expressions. Near there, a group of children play jumping rope.

Uno de los paseos preferidos por los habitantes de los barrios de San Felipe es el de las Bóvedas, con una amplia calzada que circunda la plaza.

One of the favorite spots of the residents of the San Felipe neighborhood is Las Bóvedas (literally, "the Cupolas"), with a wide walk that surround the Plaza.

Después de disfrutar el encanto de las calles del casco viejo, bares y restaurantes ofrecen al turista veladas amenizadas por música y platos de gastronomía local e internacional.

After a day's stroll among the old city's charming streets there are quaint bars and restaurants waiting for visitors to enjoy lively music and local and international gourmet.

La vegetación panameña está enriquecida por especies que florecen anualmente. El jacaranda permanece con su floración rosada y es uno de los más difundidos en la ciudad. El guayacán cubre de amarillo los paisajes en verano o estación seca a comienzos de año. A la izquierda, el obelisco con el gallo francés de la Plaza de Francia, que honra a los iniciadores de las obras del Canal de Panamá en 1880.

Panamanian flora is enriched by species that flower annually. The rose-colored blooms jacaranda plant, for example, are one of the most common sights in the City. The guaiacum, on the other hand, dresses up in yellow during the dry "summer" season at the beginning of each year. At left, an obelisk with a French rooster in the Plaza de Francia to honor the initiators of the Panama Canal in 1880.

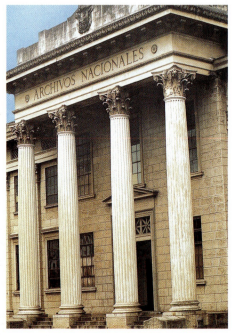

En torno de la Plaza Porras, en homenaje al ex presidente Belisario Porras, se levantan edificios de importancia histórica y estética como los Archivos Nacionales, con su sobria fachada neoclásica, y la sede de la Procuraduría, recientemente restaurada. En la página opuesta, la estatua de Porras.

Adjacent to Porras Plaza, named in honor of former President Belisario Porras, are important historical and aesthetic buildings such as the National Archives with its sober neoclassical façade and the recently restored General Attorney's Building.

El Parque Anyanasi, que lleva el nombre de la amante aborigen de Vasco Núñez de Balboa, es un sitio donde los atardeceres se mezclan con los paisajes de mar y las parejas de enamorados. Desde allí se ve el monumento a Balboa, construido con motivo del cuarto centenario del descubrimiento del Mar del Sur, el 25 de septiembre de 1513.

Anyanasi Park, which was named for the native lover of Vasco Núñez de Balboa, is the perfect spot at sunset for lovers, when the red and orange hues of the sky mix with the blues and greens of the sea. From there, you can see the Monument to Balboa, erected on the 400th Anniversary of the Discovery of Southern Sea, September 25, 1513.

El crecimiento económico de Panamá y su consecuente desarrollo urbano se hacen evidentes en el barrio Marbella, y de modo especial en Punta Paitilla donde la ciudad muestra una silueta más vertical.

Panama's business and urban growth are evident throughout the Marbella neighborhood, particularly in Punta Paitilla where the city features a more vertical skyline.

Economía

Guillermo Chapman

Eventos que forjaron su actual estructura

La ubicación geográfica de Panamá ha sido un factor determinante de su desarrollo económico y social. El país se encuentra en el extremo oriental del istmo que une el norte con el sur del continente americano y es el punto medio entre los mercados de Europa y Asia.

Panamá fue un importante centro de comercio entre España y las nuevas tierras americanas, cuyo punto culminante lo constituyeron las famosas ferias de Portobelo. En el siglo XIX, después de su separación de la Corona, este papel de emporio se acrecentó por la construcción del ferrocarril transístmico que movilizó personas y carga entre las dos costas del norte del continente. A principios del presente siglo, otra obra de infraestructura de transporte se encargó de delinear —tal vez hasta el día de hoy— las bases de la estructura económica del país: el canal interoceánico.

Pero no podemos dejar por fuera un evento que ocurrió también a principios del siglo XX y que ayudó a perfeccionar lo que hoy día conocemos como nuestra "economía de exportación de servicios". Se trata del Acuerdo Monetario de 1904 firmado entre las autoridades panameñas y las norteamericanas para garantizar la libre y eficiente circulación del dólar de Estados Unidos en el territorio nacional.

Desde ese momento los ingresos que provienen de las actividades canaleras y de otras actividades del transporte internacional y del comercio en general, pueden entrar en el país libres de restricciones, de registros o de limitaciones. Las empresas y personas que así lo deseen están en plena libertad de expatriar esos recursos sin necesidad de solicitar autorizaciones administrativas. Aun más: por razones que algunos analistas atribuyen a las hiperinflaciones ocurridas en el último tercio del siglo pasado como resultado del financiamiento de las guerras civiles en Colombia —país al cual pertenecía en ese momento el departamento de Panamá—, las diversas constituciones de la nueva república han prohibido expresamente la emisión de papel moneda sin respaldo absoluto.

La Constitución de 1904 estableció que "no podrá haber en la república papel moneda de curso forzoso. En consecuencia, cualquier individuo puede rechazar todo billete u otra cédula que no le inspire confianza, ya sea de origen oficial o particular".

La Constitución vigente de 1972 declara en el artículo 259 que "no habrá en la república papel moneda de curso forzoso".

De lo anterior se concluye que los riesgos de inflación autónoma y de depreciación del signo monetario nacional respecto del dólar norteamericano no existen. Estas condiciones hacen transparente el ambiente macroeconómico nacional, el cual ha requerido grandes esfuerzos y sacrificios en otros países del mundo en desarrollo. Con el fin de ilustrar este fenómeno, basta con observar que la tasa de inflación en Panamá ha sido una de las más bajas del mundo en la última década. En

1995, el índice de precios al consumidor aumentó en sólo 0,9% y para 1996 se estima que fue del orden de 1,3%. Todo lo anterior explica en buena parte la composición de la producción nacional, medida por su Producto Interno Bruto (PIB). El 70% de esta producción se origina en las actividades de los servicios: el Canal, la Zona Libre de Colón, la banca, y los servicios profesionales relacionados con el sector externo. La industria manufacturera representa alrededor de 9% de la producción, y la agricultura algo cercano a 8%, de los cuales una mitad proviene de actividades exportadoras como el banano, la caña y la ganadería.

La situación actual

No es suficiente para crecer sostenidamente, el tener una economía estable. El incremento de la producción requiere del uso eficiente de la mano de obra, del capital físico y de la tierra. Está demostrado, por la experiencia de otros países, que sólo se puede lograr tal meta si se adoptan las políticas económicas y sociales que ubiquen estos limitados recursos en aquellas actividades para los cuales son más productivos.

Esta no es tarea fácil. Muchas de las leyes que están vigentes en Panamá impiden que esta asignación de los recursos se pueda lograr. En particular, los episodios de alto crecimiento de la producción no necesariamente han ido acompañados de una reducción de la tasa de desempleo. El siguiente cuadro muestra el crecimiento anual medio del Producto Interno Bruto en las últimas décadas:

1951-1960	4,0%
1960-1969	7,7%
1970-1979	3,8%
1980-1989	2,1%
1990-1995	5,5%

Las tasas medias de desempleo durante las últimas décadas han sido así:

1970-1979	7,3%
1982-1989	11,9%
1991-1995	14,3%

Si a esta tasa se le añade lo que se conoce como subempleo, tendríamos una idea de la gran pérdida de riqueza material que año tras año tiene el país por no darle valor a una mano de obra disponible.

Sin embargo, el panorama actual es mucho más optimista de lo que las cifras sugieren. Después de dos años de severa crisis económica (1988 y 1989) en los cuales la producción cayó en más de 16%, se cerró el crédito externo al Estado y al país, el sistema bancario dejó de funcionar por un largo período y las instituciones básicas de una economía de mercado estuvieron amenazadas, la sociedad panameña —Gobierno y sector privado— ha sabido restablecer muy rápidamente las bases para el crecimiento.

El regreso de los capitales nacionales fugados en la crisis se ha complementado con un flujo importante de capitales extranjeros frescos. Se ha calculado en cerca de mil millones anuales la llegada de recursos financieros desde 1990 hasta mediados de 1994. Ello ha permitido un aumento neto del crédito bancario interno por 550 millones de dólares anuales, el cual ha beneficiado especialmente la construcción de viviendas, el otorgamiento de hipotecas y el financiamiento del comercio exterior.

Perspectivas para la economía nacional

Un nuevo Gobierno se instaló en 1994 después de unas elecciones ejemplares. Las autoridades tendrán que definir las políticas que permitan dar el uso más adecuado a más de 147.000 hectáreas de tierras aledañas al Canal —las cuales incluyen instalaciones militares y civiles norteamericanas que han estado revirtiendo a Panamá por razón de los tratados binacionales de 1977—. Este proceso aceleró en 1995 y lo hará aún más hasta llegar al año 2000.

Precisamente a fines de este siglo, la República de Panamá recibirá las instalaciones del Canal por parte del Gobierno norteamericano. La mayoría de los empleados actuales del Canal son panameños, así que no se anticipan problemas de transferencia en este sentido. Además, si el Senado de los Estados Unidos aprueba algunas reformas a la organización de la actual Comisión del Canal —que son el resultado de un estudio hecho para tal fin— el proceso de transición de los activos canaleros será mucho más eficaz.

De modo paralelo, Panamá deberá orientar la política económica a fortalecer sus ventajas históricas y a solucionar a tiempo las dificultades que surgen del agotamiento natural de sus sectores tradicionales. Para ello es necesario realizar las siguientes tareas en un corto plazo:

1. Formalizar su ingreso al acuerdo internacional de comercio conocido como el GATT y poner en vigencia en un plazo razonable los compromisos que de este ingreso se adquieran, tales como la reducción arancelaria, la adopción de un arancel máximo, la eliminación de las barreras no arancelarias que existen para el comercio exterior y la aplicación de otras normas de no discriminación en el intercambio de bienes y servicios.

En la medida en que esto se logre, se podrán reducir los costos de muchos bienes finales importados y se privilegiará el uso de los recursos nacionales hacia los sectores de exportación. En octubre de 1996 el protocolo de adhesión fue aprobado por el consejo general de la OMC y se espera que éste sea aprobado por la Asamblea Legislativa en los primeros meses de 1997.

2. En materia de integración regional se debe buscar activamente nuestra vinculación a mercados de gran amplitud, iniciando para ello de inmediato un examen sistemático de la opción más conveniente, la cual incluirá la factibilidad y la estrategia para ingresar en forma directa al Tratado de Libre Comercio de América del Norte (TLC). Las nuevas autoridades económicas han señalado de manera clara su intención de lograr este propósito.

3. Se promoverá el turismo como fuente de generación de divisas que sustituyan, aunque sea parcialmente, las fuentes de recursos externos que irán desapareciendo a medida que se vayan retirando las fuerzas militares norteamericanas del territorio nacional. Existen zonas bien definidas para este fin, muchas de las cuales son parte de las áreas militares que se han devuelto a Panamá por parte de los Estados Unidos. Una nueva Ley de Turismo, recientemente aprobada, establece generosos incentivos para los inversionistas que deseen incursionar en esta actividad.

4. Se requiere un consenso nacional sobre el uso de las áreas revertidas y por revertir a Panamá. En el pasado este uso se limitó por interpretaciones estrechas de las leyes nacionales. A partir de 1991 se creó la Autoridad de la Región Interoceánica (ARI) como entidad estatal pero independiente, la cual tiene bajo su responsabilidad el diseño de las estrategias para el uso económico de estos vastos recursos. Existe un aparente acuerdo nacional sobre la necesidad de perfeccionar algunos elementos de esta organización, pero también existe la voluntad de acelerar el proceso de asignación de bienes, a tono con las normas fiscales vigentes, para favorecer la inversión privada nacional y extranjera en este nuevo *territorio*.

Panamá enfrenta el nuevo siglo con gran optimismo y con grandes posibilidades: el Canal, sus tierras aledañas, los activos que estarán disponibles para su desarrollo y una mano de obra calificada disponible para su contratación. Es preciso que las políticas públicas se acoplen a estas perspectivas para permitir que los frutos del crecimiento que se proyecta para los próximos años alcance estratos más amplios de la población.

Los tonos del atardecer dan un matiz especial a los edificios de Punta Paitilla, que era anteriormente una zona rocosa.

The colors of late afternoon give a special flavor to the buildings at Punta Paitilla, which was formerly a rocky area.

La Avenida Balboa que bordea la bahía ha tenido un vertiginoso crecimiento en los últimos años. Allí se ubican barrios, hoteles e importantes empresas nacionales e internacionales.

Balboa Avenue along the bay has grown rapidly during the past few years. Important neighborhoods, hotels, and local and foreign companies are all here.

La sede de los grandes certámenes sociales en Panamá, el Club de Golf Ejecutivo, es el lugar perfecto para sus fiestas, banquetes y todo tipo de reuniones importantes. Ubicado en el edificio del Banco Exterior, en la Avenida Balboa, el Club de Golf Ejecutivo brinda un exclusivo ambiente, la más fina atención y la calidad de una cocina *gourmet* reconocida internacionalmente. Cuenta con un amplio comedor formal, salones privados y su inigualable Bar Hoyo 20, donde se pueden disfrutar veladas realmente inolvidables.

Club de Golf Ejecutivo is the headquarters of Panama´s social life, the perfect place for parties, banquets, and all types of social gatherings. Located at the Banco Exterior Tower, next to the ocean on Balboa Avenue, Club de Golf Ejecutivo provides you with the finest attention of its gourmet quality kitchen.
The Club, internationally well known, has spacious dining room facilities; bar called The 20th Hole, where you can enjoy long unforgettable nights.

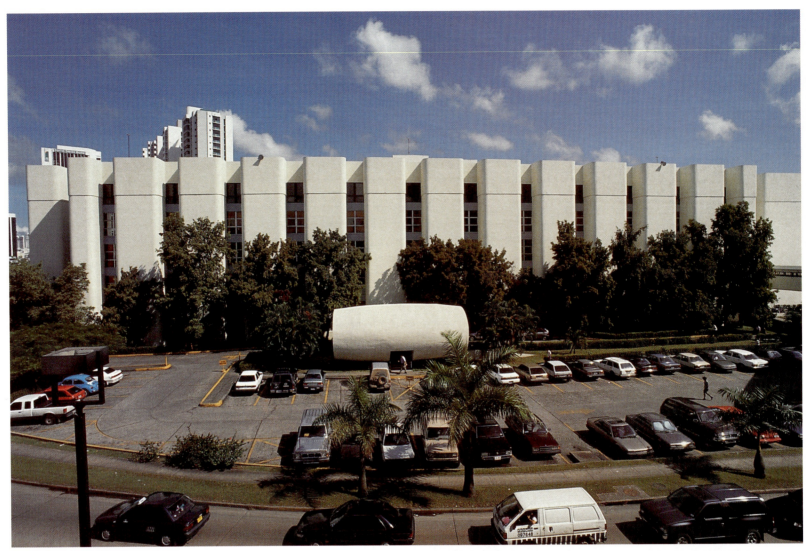

El Centro Médico Paitilla sobresale por su liderazgo tecnológico en el sector de la salud en Panamá. Es un hospital privado, de atención terciaria, fundado en 1975 y que hoy cuenta con un prestigioso grupo de más de 300 profesionales de las más variadas especialidades médicas. Posee los más avanzados equipos para diagnósticos y tratamientos en los servicios de hospitalización, cirugías y urgencias. Su garantía de calidad es respaldada internacionalmente, ya que el Centro Médico Paitilla está afiliado a dos reconocidas instituciones de salud en los Estados Unidos: el Hospital Metodista de Houston, Texas, y el Baptist Health Systems of South Florida.

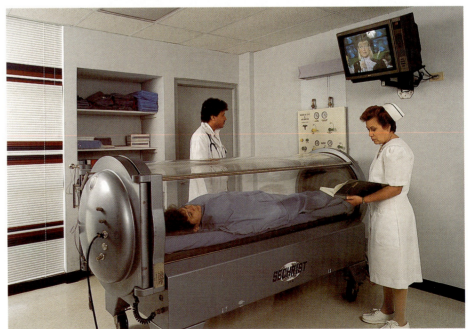

The Paitilla Medical Center stands out for its medical-technological leadership. It is a third level private hospital opened in 1975 with a current staff of over 300 professionals in many specialized fields. It features the most up-to-date diagnosis and treatment equipment for hospitalization, surgery and emergency service. Its quality is complemented internationally via affiliation to recognized United States health institutions: the Methodist Hospital in Houston Texas, and the Baptist Health Systems of South Florida.

En la página anterior, paso peatonal que comunica la Clínica Paitilla con los consultorios médicos, en el sector de Marbella. En esta página, un sólido bloque de rascacielos se levanta en lo que hace cincuenta años fuera una instalación de artillería antiaérea para la defensa del Canal.

On the previous page, a pedestrian walkway connecting the Paitilla Clinic and the doctors' offices in the Marbella sector. On this page, a solid block of skyscrapers rises on this spot, where there were anti-aircraft artillery installations for defending the Canal some 50 years ago.

Cuando en Panamá se habla de "Su joyero de confianza", cualquier persona le dirá que se habla de Joyerías Nat Méndez, empresa fundada en 1941 por Don Nathaniel Méndez G., y que hoy ocupa un lugar de distinción y solidez en el comercio nacional.

Con una casa matriz en la Ciudad de Panamá y una sucursal en David, Chiriquí, la joyería Nat Méndez es representante exclusiva de las famosas Casas de Joyería Chaumet, Carrera & Carrera y David Yurman. En relojería nombres tan prestigiosos como Ebel, Concord, Omega, Eterna, Tag Heur, Gucci y otros. En accesorios Mont Blanc, Yves St. Laurent y S.T. Dupont. Además, en su exclusivo local de Plaza Paitilla, Joyería Nat Méndez le ofrece una selecta colección de artículos de regalos para novias, platería, cristalería, vajillas y porcelana de las afamadas marcas Rosenthal, ÄGianni VersaceÄ, Kosta Boda, Orrefors, Capodimonte, Camuso y Oneida, entre otras.

Si está en Panamá, no olvide visitar esta joyería que, aun siendo una prestigiosa institución dentro del comercio panameño, no deja de sorprender a sus clientes nacionales e internacionales con la variedad, calidad y belleza de sus joyas.

When folks in Panama speak of "your trusted jeweler" they mean Nat Méndez Jewelers, founded in 1941 by Nathaniel Méndez. Currently the firm enjoys an outstanding position in the local business community.

From its Panama City headquarters and branch at David, Chiriquí Nat Méndez exclusively represents the renowned Chaumet, Carrera & Carrera and David Yurman jewerly establishments and prestigious watchmakers Ebel, Concord, Omega, Eterna, Tag Heur, Gucci and others. It also represents Mont Blanc, Ives St. Laurent and S.T. Dupont accessory products.

In addition to its shop at Plaza Paitilla, Nat Méndez offers a select collection of wedding gifts, silver, crystalware, chinaware and porcelain items from renown Rosenthal, ÄGianni VersaceÄ, Kosta Boda, Orrefors, Capodimonte, Camuso and Oneida, among others.

When in Panama don't miss visiting Nat Méndez who, as a prominent local quality business, never ceases to awe its local and international clientele with its jewelry selection, quality and beauty.

Panamá es una ciudad de contrastes. Junto a las áreas residenciales rodeadas de jardines, se alzan edificios bancarios, centros comerciales y torres de apartamentos, desde los cuales se divisan en el horizonte las ruinas del antiguo Panamá.

Panama is a city of contrasts. Adjacent to gardened residential areas rise bank buildings, malls and apartment towers from where Old Panama's ruins may be spotted on the horizon.

El Banco General, el banco privado panameño más grande del país, cuenta con más de 42 años de experiencia dentro del negocio bancario, en los cuales su solidez, tradición y reputación intachable han sido los pilares fundamentales de su crecimiento. Su Casa Matriz está localizada en el corazón de Marbella. Cuenta con 21 sucursales, más de 700 empleados en todo el país y una moderna infraestructura que le ofrece servicios innovadores y de excelencia a cada cliente.

Banco General, Panama's largest private bank, has over 42 years of experience in the banking and financial business. A sound aggressive tradition and integrity in making business guide the bank's policies. Its main branch is located in Marbella, in the heart of the banking district. Banco General's professional employees in 21 branches throughout the country and a very modern technological infrastructure offer innovative and excellent services to every client.

Centro Bancario Internacional

Nicolás Ardito Barletta

El centro moderno de la ciudad de Panamá está lleno de torres y despachos de bancos nacionales y extranjeros. Con sus oficinas de primer piso, los bancos son la expresión más sobresaliente del centro financiero internacional de Panamá. Más de 108 instituciones internacionales y panameñas constituyen la plaza bancaria del país. Entre ellos se encuentran muchos de los bancos más grandes y prestigiosos de Norteamérica, Japón, Europa y América Latina. Debido a su estratégica posición geográfica, desarrollada con el canal interoceánico y otros medios de transporte y comunicación, la economía panameña está compuesta de un alto porcentaje de servicios internacionales, comerciales, profesionales, de transporte, seguros, turismo y banca. El centro bancario no sólo representa una dinámica actividad económica internacional, pues además es complemento importante de las actividades de exportación de servicios panameños. Así, la Zona Libre de Colón, la segunda mayor del mundo y que re-exporta productos a la América Latina, se fortalece y agiliza con el apoyo de la banca internacional ubicada en el país, y ésta simbióticamente crece y se diversifica con la actividad de la Zona Franca.

El centro bancario es supervisado y reglamentado por la Comisión Bancaria Nacional, entidad pública encargada de otorgar licencias bancarias y de inspeccionar el sistema. Actualmente hay 63 bancos de licencia general facultados para hacer negocios bancarios dentro y fuera de Panamá; 28 con licencia internacional que realizan negocios desde el país fuera de Panamá, y 19 de licencia de representación, que sólo pueden representar pero sin ejecutar negocios en el país.

Con activos financieros de 33.000 millones de dólares, el centro bancario efectúa negocios con todo el mundo, y primordialmente con la región latinoamericana. Oficinas regionales y subregionales realizan transacciones diversas con depositantes y prestatarios de casi todos los países de Latinoamérica y el Caribe. Su mayor auge lo logró en 1982, antes de la crisis financiera de América Latina, cuando alcanzó 49.000 millones de dólares de activos. La crisis de la región los redujo a menos de 37.000 en 1984 y la crisis política nacional, en dos etapas, los llevó a 15.000 millones en 1989. En los últimos años, la normalidad política y democrática del país ha contribuido a la recuperación bancaria. Ante un nuevo panorama económico en la región, el centro comienza a diversificar la gama de servicios internacionales para sus clientes.

En la formación del centro bancario internacional de Panamá han contribuido factores que caracterizan el sistema monetario y tributario del país desde sus inicios, y aspectos inherentes a la legislación bancaria vigente desde 1970. Desde sus comienzos, Panamá ha funcionado sin banco central emisor, manteniendo paridad entre el balboa, la moneda nacional, y el dólar, y permitiendo la libre circulación de éste con un sistema financiero abierto a las transacciones internacionales y con un esquema tributario que no grava las utilidades producidas por empresas panameñas en el extranjero.

Esos aspectos hacen del país un lugar muy atractivo para ubicar en él negocios internacionales. En la actividad bancaria, la ley de 1970 aprovechó esas condiciones y estableció un marco legal que fomentó y regula la creación en Panamá de un centro bancario internacional bajo la supervisión de la Comisión Bancaria Nacional. Esa política tiene un notable éxito para el país porque coincide con el aumento del mercado de "eurodólares", o sea la gran cantidad de dólares que entraron en el sistema internacional desde fines de la década de 1960.

Los beneficios para Panamá del centro bancario han sido múltiples. Como servicio de exportación agrega a la economía divisas y empleos creados por la actividad directa e indirecta de la banca internacional. Como centro financiero vincula a Panamá muy de cerca con centros financieros internacionales que transmiten liquidez internacional para financiar negocios locales atractivos cuando las condiciones lo ameriten. Como centro bancario complementa todas las actividades económicas internacionales del país, por ejemplo la Zona Libre, y al agilizarlas les permite ser más competitivas y eficaces.

Desde el centro bancario de Panamá se financia una cantidad apreciable de exportaciones latinoamericanas. Creado por iniciativa panameña, el Banco Latinoamericano de Exportaciones (Bladex) ubicado en Panamá y propiedad de bancos centrales, estatales y privados de la región latinoamericana como también de los principales bancos extra-regionales y de accionistas internacionales, es puntal significativo en el financiamiento del comercio internacional de los países latinoamericanos. Además, muchos de los bancos situados en Panamá participan en forma ascendente en el financiamiento del comercio internacional de la región.

El crecimiento del centro bancario en los últimos 24 años ha estimulado la creación de muchos bancos netamente "panameños" que hoy en día financian la mayoría de las operaciones bancarias de la economía local de Panamá y que han iniciado incursiones exitosas en la actividad de banca internacional. Dieciocho bancos de capital panameño han diversificado sus funciones y atienden los diferentes sectores de la economía panameña.

La actividad bancaria privada se complementa con algunos bancos estatales que tienen una función primordial en el manejo de las finanzas del Estado, en banca de fomento a la producción industrial y agropecuaria y en banca hipotecaria para fomentar la construcción de vivienda. El Banco Nacional de Panamá es el segundo más grande de la plaza después del Bladex y el mayor en la actividad bancaria nacional. Además de ser depositario de las finanzas del Estado participa como banco de crédito comercial, de fomento y como administrador de la Cámara de Compensación Interbancaria de la banca local. La Caja de Ahorros es un banco estatal de gran prestigio que canaliza los ahorros de millares de panameños hacia la construcción de vivienda para familias de ingresos medios y bajos.

La Comisión Bancaria Nacional ha manejado con sentido estricto la concesión de licencias y el funcionamiento del sistema bancario. Sin embargo, en la última década han surgido acusaciones de que en Panamá, como en Miami y en otros centros bancarios, se "lava" dinero procedente del negocio ilícito de la comercialización de drogas. Panamá, tanto por intermedio del Gobierno nacional como de la Asociación Bancaria (entidad privada) han hecho un esfuerzo notable para controlar esa nociva distorsión del sistema bancario. La Asociación, que representa a toda la banca del país, aprobó un Código de Buena Conducta para autovigilar el sistema y lo aplica a su membresía. El Gobierno nacional ha tomado acciones propias (como el cierre del First Interamerican Bank en 1985), restricciones sobre depósitos en efectivo, y adhesión con Estados Unidos a un Tratado de Asistencia Legal Mutua (parecido a los que tiene con México, España, Suiza, Bahamas y Cayman) e intensificación de la supervisión bancaria para controlar estos ilícitos y otros abusos que puedan dañar el buen funcionamiento del centro bancario. Aun así la tarea es grande y compleja y se intensifican los esfuerzos para

evitar el uso del sistema bancario para estos propósitos. Para ello Panamá colabora con todos los sistemas internacionales para controlar ese cáncer de la sociedad moderna.

El centro bancario internacional de Panamá beneficia la economía del país y presta un servicio valioso a la región latinoamericana y al mundo. Sus reglas sencillas pero de firme aplicación han propiciado un ambiente para que esta actividad complemente la economía panameña de transporte y servicios. El reto permanente para Panamá es mantener el ambiente de libertad y apertura para que prosperen estos negocios, y poner en práctica las reglas y controles que eviten el negocio ilícito y la corrupción del sistema. Con un esfuerzo nacional de consenso, Panamá seguirá ganando la batalla.

Más de un centenar de bancos extranjeros y nacionales operan en el Centro Bancario Internacional de Panamá. No sólo son reconocidos por sus servicios, sino por la altura y el impacto visual de sus sedes.

More than 100 foreign and domestic banks operate in Panama's International Banking Center, which is well-known not only for its services but also for the towering height and visual impact of the banks there.

El Swiss Bank Corporation (Overseas), S.A., es una subsidiaria de propiedad absoluta del Swiss Bank Corporation, Basilea, y el más grande y antiguo banco suizo establecido en Panamá, que ofrece servicios especializados de Banca Comercial y Clientela Privada a los inversionistas, compañías y bancos de la región.

The Swiss Bank Corporation (Overseas), S.A., is a totally-owned subsidiary of the Swiss Bank Corporation of Basel, Switzerland, the largest and oldest of the Swiss Banks established in Panama. The Bank offers specialized commercial and personalized banking services to its clients: individuals, investors, companies, and banks from the region.

La ciudad crece hacia lo alto en los nuevos edificios que se levantan por diversos lugares de Panamá. En el sector de Campo Alegre, el edificio Grobman es

Panama City is growing taller in leaps and bounds with a glut of new buildings springing up all over. The Grobman Building in the Campo Alegre neighborhood is the

En la década de los años setenta, la creación del Centro Bancario Internacional trajo a la ciudad decenas de bancos que con sus altas torres modernizaron el hoy distrito financiero de Panamá.

In the 70's, the creation of theInternational Banking Center brought dozens of banks to the city, whose tall towers quickly modernized Panama's financial district.

Antes de Panamá constituirse en república, los chinos llegaron allí a trabajar en la construcción del Canal. Desde finales del siglo pasado su gran tradición gastronómica ha sido trascendental en la sociedad panameña, hasta tal punto que su calidad ha enriquecido la gastronomía nacional. Sir Henry Chen dejó a su familia un inapreciable legado de conocimientos culinarios que las generaciones actuales han preservado. El Restaurante Madame Chang está entre los mejores lugares de comida oriental en América, pues ha conjugado la tradición y las técnicas modernas, creando una experiencia única en la cocina internacional.

Prior to Panama becoming a republic many Chinese came to work on the Canal construction. Since the end of the past century their great gastronomic tradition has been transcendental to Panamanian society, even enhancing local gastronomy. Sir Henry Chen left his family with an invaluable legacy of culinary insights which the current generations have continued. The Madame Chang Restaurant is at the forefront of oriental cuisine in the Americas. It has combined tradition with modern techniques to create a unique experience in international dining.

Hoy en día Tommy Hilfiger es reconocido como uno de los diseñadores de ropa masculina y femenina más importantes. Su éxito está basado en su habilidad para entregar ropa de marca de alta calidad al mejor precio. Su diseño con un estilo diferente ha cautivado a millones de consumidores que fielmente reconocen de inmediato su valor y estilo clásico.

Al trabajo y creatividad de Tommy Hilfiger se une una gran cantidad de profesionales en varios países del mundo. El crecimiento que ha desarrollado la compañía en los Estados Unidos ha llevado la marca a Canadá, Japón y a partir de la temporada otoño de 1997 a Europa. Actualmente American Sportswear S.A. se encarga de la distribución exclusiva en más de 25 países de Latinoamérica y el Caribe. Todos los artículos que se ofrecen en el mercado internacional provienen de la misma oficina de producción para los Estados Unidos, asegurando así los altos estándares de calidad.

Tommy Hilfiger is one of today's most renown men's and women's clothing designers. His success lies in his ability to provide high quality designer clothing at reasonable price. His unique design style has won millions of customers who appreciate his classic and spirited clothing.
Many professionals around the world support Tommy Hilfiger's work and creativity. The company's growth in the United States has carried it into Canada, Japan and in the Fall 1997 in Europe. American Sportswear S.A. distributes its product on an exclusive basis to over 25 countries in Latin America and the Caribbean. All products sold on international markets are sourced from the same United States production facilities, thus assuring the same quality standards.

Aquí y allá los nuevos edificios van rompiendo el paisaje tradicional que rodea la Calle 50 o Avenida Nicanor de Obarrio, antes homogéneamente residencial.

Here and there, new buildings break up the traditional landscape that surrounds 50th Street ("Calle 50"), or Nicanor de Obarrio Avenue, which was once strictly a residential area.

El Grupo Bavarian Motors es el representante exclusivo de BMW y Land Rover. Por la calidad de los vehículos y sus 25 años de excelente servicio, la agencia es la más prestigiosa de Panamá.

The Bavarian Motors Group is the exclusive representative for BMW and Land Rover. The high quality of these vehicles and the company's 25 years of experience have made this agency the most prestigious in Panama.

El sector bancario internacional de Campo Alegre da muestras de las fastuosas soluciones arquitectónicas imaginativas y funcionales. Es el fenómeno que lleva a Panamá a ser considerada la Hong Kong de América Latina.

The international Banking Sector in Campo Alegre is one example of ostentatious yet functional architectural solutions that are characteristic of Panama, which is considered the Hong Kong of Latin America.

En uno de los más pintorescos sectores de Bella Vista, la Avenida Federico Boyd asciende en busca del cruce con la Vía España, demarcando un exclusivo sector residencial.

In one of the most picturesque corners of the Bella Vista neighborhood, Federico Boyd Avenue rises up to meet Vía España, cutting out an exclusive residential area.

La exuberante vegetación crece desde las mansiones hasta alcanzar los bloques residenciales, ofreciendo así una seductora imagen del trópico en los barrios de Bella Vista y La Cresta.

Lush vegetation growing from the mansions until reaching the apartment towers provides seductive tropical scenery in the Bella Vista and La Cresta neighborhoods.

Un sitio característico de la capital panameña es la Iglesia de Nuestra Señora del Carmen. Durante la II Guerra Mundial, los barcos que transportaban armamento hacia Europa y el Lejano Oriente regresaban con toneladas de cemento a manera de lastre. Con la donación de este material se levantó entre 1945 y 1946 el templo en el antiguo cruce de Pasadena. En la página de enfrente, las agujas góticas del templo enmarcan la torre del Banco Exterior construido en 1982, dos épocas de crecimiento urbanístico de la capital.

One typical spot in the Capital of Panama is the Church of Our Lady of Carmen ("Iglesia de Nuestra Señora del Carmen"). During WWII, the boats taking arms toward Europe and the Far East would return with tones of cement as ballast. With the donation of these materials, this temple was built at the old Pasadena intersection between 1945 and 1946. On the opposite page, the temple's gothic windows frame a view of the Banco Exterior Tower, built in 1982—the perfect juxtaposition of two periods of the capital's urban growth.

En el denominado cruce de Pasadena se entrelazan cuatro barrios de la ciudad: Bella Vista, El Cangrejo, La Cresta y Campo Alegre. La Vía a España comercial por excelencia le sirve de lindero

The place known as the Pasadena intersection is the meeting point for four difference neighborhoods: Bella Vista, El Cangrejo, La Cresta and Campo Alegre the avenuecalled Vía España borders on one side and is a shopper's dream.

¿Un verdadero rincón suizo en Panamá? En El Cangrejo, detrás del Hotel Panamá, se encuentra una bella casa suiza que exhibe orgullosamente en su fachada típica, sus graciosas ventanas adornadas con cortinas de cuadritos, macetas con flores y esos detalles de madera que caracterizan los chalets suizos… Aquí encontrará dos restaurantes bajo un mismo techo: el Restaurante Francés 1985 y el Rincón Suizo con un solo chef… ¡Willy!

A real Rincón Suizo (literally, "Swiss Corner") in Panama? In the Cangrejo Sector, behind the Hotel Panama, there is a beautiful Swiss house that shows off its typical facade with pride—the cheerful grace of the windows dressed up in checkered curtains, the bright colors of the flowerpots and the fantastic woodwork that characterizes Swiss chalets... In this enchanted spot, you have your choice of two restaurants under the very same roof: the French Restaurant of 1985 and the Swiss Rincón Suizo, both attended to by the same incomparable Chef, Willy!

La Vía España ha sido desde 1960 el corazón de la vida comercial y cívica de la ciudad. La reconocida condición de bazar del mundo se pone de manifiesto en las mil vitrinas de esta avenida.

Ever since 1960, Vía España has been the civic and commercial heart of the city. The avenue's thousand or so shop windows have made it the Bazaar of the World.

Para sentirse realmente cómodo en Ciudad de Panamá está el Hotel Costa del Sol "Junior Suites" ubicado en el distrito bancario y comercial de la ciudad. El hotel ofrece lujosas suites con aire acondicionado, TV por satélite y cocinetas equipadas. Conscientes de las exigencias de la vida moderna, el Hotel Costa del Sol también presta una variedad de servicios, como celadores las 24 horas del día, cerraduras electrónicas, estacionamiento bajo techo, salas de conferencias, Business Center, restaurante indio, peluquería unisex, piscina, cancha de tenis, sauna y un bar-restaurante con una espléndida panorámica de la ciudad en el último piso del Hotel.

For a real comfortable stay in Panama City the Costa del Sol Junior Suites Hotel, within the City's banking and business district, is just the place. The Hotel offers air conditioned suites furnished with satellite TV and fully equipped kitchenettes. Aware of today's hectic pace, Hotel Costa del Sol offers an array of features such as 24 hour guard service, electronic locks, covered parking, conference rooms, Business Center, Indian restaurant, unisex haircare salon, pool, tennis court, sauna and a restaurant-bar with a splendid panoramic top floor view of the city.

La Vía España, en el sector del barrio El Cangrejo, ha sido en los últimos treinta años el eje de la vida comercial y cívica de la ciudad. Se destaca el edificio Plaza Regency.

Vía España in El Cangrejo neighborhood has been for the last 30 years the very center of the city's trade and civic activity. One stand out is the Plaza Regency Building.

El transporte público es una de las actividades vitales para un área urbana de la extensión de Panamá. Los buses que circulan por la ciudad recorren una ruta diaria de casi 60 kilómetros. Debido a la congestión de la Vía España fue necesario que el Centro Comercial Concordia construyera un paso peatonal.

Public transportation is one vital activity for an urban area the size of Panama City, whose buses typically cover daily routs of almost 60 km. Due to the congestion of Vía España, the Concordia Shopping Center was forced to build a pedestrians' walkway.

Los antepasados de los fundadores de Ben Betesh Internacional durante muchos años se dedicaron al negocio de los textiles y este conocimiento fue transmitido de generación en generación. En el año de 1928 establecieron una casa exportadora en Manchester, Inglaterra, ciudad textil por excelencia en aquella época. En 1932 expandieron su mercado y abrieron una sucursal en Panamá, y en 1952 fundaron Ben Betesh Internacional, S.A. Desde entonces, para su extensa clientela internacional y nacional, Ben Betesh Internacional significa servicio y alta calidad en sus establecimientos ubicados en Vía España, Aeropuerto Internacional de Tocumen en Panamá, Zona Libre de Colón en Colón, y en Santafé de Bogotá, Colombia. Desde 1967 Ben Betesh incorporó a su gran lista de marcas la exclusiva línea inglesa St. Michael, de la que son representantes exclusivos para toda América Latina. Además cuenta con otras marcas en forma exclusiva y que siempre están a disposición de nuestra selecta clientela como lo son la Chemise Lacoste, Easy Jeans, Buffalo, New Man, Clarks, Samsonite, American, entre otras.

The forefathers of the founders of Ben Betesh Internacional, S.A., were involved in the textile business for many years, and they handed down their expertise from generation to generation. In 1928, they set up an export house in the city of Manchester, England, one of the best textile centers of the era. In 1932, they expanded their markets and opened up a branch office in Panama. Finally they founded Ben Betesh Internacional, S.A., in 1952. Ever since then, Ben Betesh has meant service and quality to their extensive list of domestic and international clients. The company has establishments on Vía España, in the Tocumen International Airport in Panama City, in the Colon Duty-Free Zone in Colon, and in the city of Bogota, Colombia. Since 1967, Ben Betesh has incorporated a long list of brands into the exclusive English line. For example, there is the St. Michael brand, for which Ben Betesh is the exclusive representative for all of Latin America. In addition, there are other brands that we represent and that are always available to our exclusive and demanding clientele: La Chemise Lacoste, Easy Jeans, Buffalo, New Man, Clarks, Unichem, Samsonite, Bally, etc.

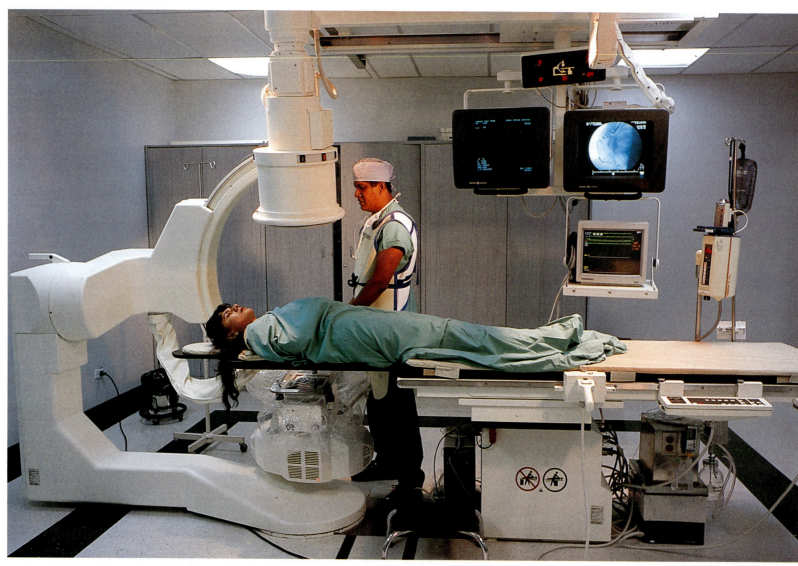

En 1949, un grupo de jóvenes y promisorios médicos cirujanos y empresarios, liderados por el doctor Jaime de la Guardia, unieron ideales y fundaron la Clínica San Fernando, primer hospital privado de Panamá. En estos nueve lustros se aumentó el número de camas, y se adquirió la más moderna tecnología, respaldada por un cuerpo de médicos, técnicos, enfermeras y personal administrativo eficaz y amable. Entre sus adelantos científicos se destacan un laboratorio de Hemodinámica para los estudios angiográficos y angioplastias, la sección de Medicina Nuclear para estudios centelleográficos planares, y la Clínica Especializada de Oncología, para la prevención y tratamiento del cáncer. Su progreso no se detiene, y próximamente inaugurará el primer centro de atención de urgencias y hospitalización pediátrica privada del país.

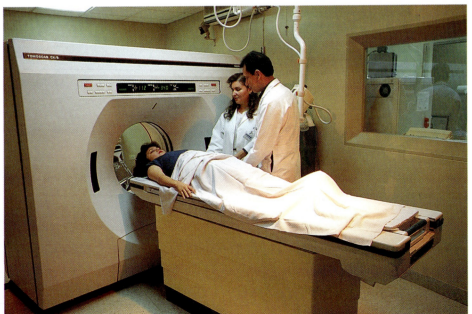

In 1949 a group of young and promising surgeons and entrepreneurs, headed by Dr. Jaime de la Guardia, joined ideals to open San Fernando Clinic, Panama's first private hospital. During the past forty years bed capacity has increased and the latest technology has been purchased, supported by a team of efficient and courteous medical, technical, nurse and administration staff. Among its scientific advances are a Hemodynamic laboratory for angiographic and angioplastias studies, the Nuclear Medicine section for centellograficos planares studies and the Oncology Specialized Clinic for cancer prevention and treatment. Its progress does not stop. The first pediatric emergency and hospitalization center in the country will be opened shortly.

La Vía España no es sólo la principal arteria comercial de Ciudad de Panamá, sino la ruta preferida de los panameños para llevar a cabo los desfiles y actos públicos más importantes del país.

Vía España is much more than the major commercial artery of Panama City; it is also the favorite spot for the nation's parades and important public presentations.

En el que antes fuera extremo de la ciudad, hoy convertido en activo sector de la economía sobre la Vía España entre Las Sabanas y La Loma, se destaca el conjunto de edificios de la Clínica Hospital San Fernando.

Vía España between Las Sabanas and La Loma, in what was once the outskirts of the city and is now another active sector of the economy. Note the group of buildings making up the San Fernando Hospital-Clinic.

Nestlé inicia labores en Panamá en 1937, al constituirse la Compañía Panameña de Alimentos Lácteos, S.A. Un año después inaugura su primera fábrica en la histórica ciudad de Natá de Los Caballeros, la cual se especializó en la fabricación de productos lácteos. Consciente de su importancia en el desarrollo agroindustrial del país, Nestlé funda en 1980 en la Provincia de Los Santos su segunda fábrica, especializada en la elaboración de productos a base de tomates y vegetales.
La oficina principal de la empresa se encuentra en la Ciudad de Panamá, Urbanización La Loma y su edificio es una joya arquitectónica que enorgullece a un país que admira el liderazgo de Nestlé en la Industria Alimentaria.

*Nestlé opened in Panama in 1937 as Compañía Panameña de Alimentos Lácteos, S.A. A year later it set up its first plant in historical Natá de los Caballeros geared for dairy product production.
Aware of its contribution to the country's agroindustrial development, it inaugurated its second plant in the Los Santos Province in 1980 for tomato and vegetable based products.
The firm's main office is in Panama City's La Loma area and its building is an architectural gem of which the country, appreciative of Nestlé's leadership in the food industry, is proud of.*

El parque Héctor Gallego, campo de juegos infantiles, se ha convertido en un pulmón verde en medio de la gran metrópoli que es hoy Panamá. La infancia panameña juega en los parques públicos y en los campos deportivos de las escuelas. Los menores de 18 años representan el 50% de la población total del país.

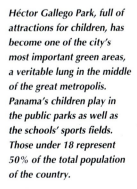

Héctor Gallego Park, full of attractions for children, has become one of the city's most important green areas, a veritable lung in the middle of the great metropolis. Panama's children play in the public parks as well as the schools' sports fields. Those under 18 represent 50% of the total population of the country.

En medio de los edificios que ha traído el progreso, se encuentra el Aeropuerto Marcos A. Gelabert o de Paitilla, en disputa con el crecimiento de la ciudad. Diariamente las avionetas provenientes del interior del país, en especial de la Zona Libre de Colón, sobrevuelan la ciudad.

Right smack in the middle of the buildings that are a sign of the city's progress, you will find the Marcos A. Gelabert Airport (also known as Paitilla Airport), which is currently in dispute with the growth of the city. Smaller planes from the interior of the country, especially from the Colon Duty-Free Zone, fly over the city daily.

A comienzos de la década de los setenta se inició el relleno de una pequeña ensenada en el barrio San Francisco de la Caleta. Allí está ahora el monumental Centro de Convenciones Atlántico-Pacífico o Atlapa, donde año tras año se celebran algunas de las más importantes ferias de Centro América.

At the beginning of the 1970's, landfill was begun in a small inlet in the San Francisco de Caleta neighborhood. This is where the monumental Atlantic-Pacific Convention Center now stands, also known as Atlapa. Year after year, some of the most important fairs of Central America are celebrated here.

El Hotel Caesar Park Panamá, miembro de la cadena Westin Hotels & Resorts, invirtió en 1996 ocho millones de dólares en remodelación. Cada detalle está pensado en complacer a quienes buscan exclusividad y atención personalizada. El hotel se encuentra idealmente situado, a solamente 10 minutos del Centro Financiero y frente al Centro de Convenciones Atlapa. Sus 400 habitaciones, suites y cabañas cuentan con acogedores ambientes que invitan a una perfecta estadía, en donde el servicio personalizado, estilo y tecnología se unen para crear un ambiente único.

El Caesar Park tiene cuatro restaurantes, cada uno con diferente especialidad, un Club Atlético donde usted encontrará el más moderno equipo, dos bares, discoteca, casino, galería de tiendas, servicio de limosine, American Airlines check-in counter, mostrador de Copa, Hertz renta de auto. Caesar Park, el servicio no es un lujo sino una tradición.

The Caesar Park Panama affiliated with Westin Hotels & Resorts, has invested a total of 8 million dollars in renovations during 1996. Every detail has been designed to please those who are looking for exclusivity and personalized service.
Panama's premier hotel is ideally located in close proximity to the shopping and financial districts, as well as adjacent to the Atlapa Convention Center. The elegant high rise building includes 400 luxurious rooms, suites and cabañas, all beautifully decorated, inviting you to enjoy a perfect stay. Personalized service, tradition and the latest in technology all unite to create a unique atmosphere. The Caesar Park Hotel of exceptional restaurants, each one with different specialities. In the Caesar Park Athletic Club you will find the latest in exercise equipment. Other services include: 2 bars, night, casino, limousine service, American Airlines express check-in, Copa counter, Hertz car rental and an exclusive shopping gallery. The Caesar Park Panama, where service is not a luxury but a tradition.

En muy pocos años, La Prensa, diario libre de Panamá, fundado el 4 de agosto de 1980, ganó el apoyo moral y material de la comunidad nacional. Clausurado varias veces por la dictadura militar de 21 años (1968-1989), encabezó la oposición que finalmente pudo reinstalar en 1990 la democracia en Panamá. Reconocido por los organismos internacionales del periodismo como un diario modelo, representa hoy en el istmo la responsabilidad del "cuarto poder", y su influencia en la vida de la nación es indudable. La Prensa es el medio de comunicación de "referencia" en Panamá.

Within a few years La Prensa, **a Panama free press daily founded on August 4, 1980, won the community's moral support and readership. Closed several times by the 21 year (1968-1989) military dictatorship, it headed the opposition which finally opened the way in 1990 for democracy in Panama. Recognized by international press institutions as a model daily, it today represents the commitment of the "fourth power" in the Isthmus and its impact on national affairs is unquestionable.** La Prensa **is Panama's reference medium.**

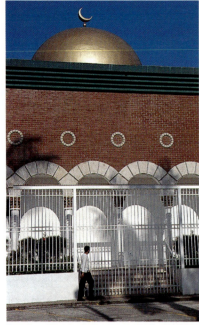

Se ha dicho que en Panamá las costumbres más diversas tuvieron que armonizar y tolerarse. De ahí el clima de tradicional libertad religiosa que ha dado acogida a distintas expresiones de fe. De las migraciones más recientes han resultado templos como el islámico, en el sector de La Exposición, y el hindú, en una colina que domina las nuevas barriadas del nordeste de la capital.

It has been said that in Panama, the most diverse customs had to learn to coexist in harmony. This has been the basis for the traditional religious freedom that has given rise to the popularity of different expressions of faith. The more recent migrations have resulted in the construction of different houses of worship, such as the Islamic Temple in The Exposición sector, the Hindu Temple on a hill that looks over the newer neighborhoods in the northeastern part of the capital.

Como una de las más espectaculares construcciones está calificado el Templo de Adoración Ba-Hai, sobre una colina en las afueras de la ciudad de Panamá. Es uno entre apenas una docena esparcidos en los cinco continentes.

One of the most spectacular of these new constructions is the Ba-Hai Temple of Worship, located on a hill just outside Panama City. This is one of only a dozen such temples scattered over the five continents.

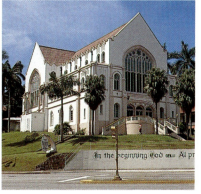

La República de Panamá fue sede de la primera diócesis católica en tierra firme americana en Santa María la Antigua del Darién en 1513. Hoy el cristianismo, especialmente el católico, continúa siendo la más importante religión practicada en el país.

The Republic of Panama was the headquarters of the first Catholic Diocese on the continental Americas, at Santa María la Antigua of Darién in 1513. Today, Christianity, especially Catholicism, continues to be the most important religion in the country.

Los interiores de las iglesias aguardan al devoto con ricos ornamentos, como el famoso altar de oro de San José o los muros policromados de la Iglesia Ortodoxa Griega, toda una sorpresa tras su severo exterior.

Richly ornate churches await the faithful, such as the famous San José altar or the Greek Orthodox Church's polychromed interior walls, nothing less than a surprise behind its sober façade.

En Panamá 88,1% de la población sabe leer y escribir. El país cuenta con importantes centros de educación de todos los niveles. Estadísticas recientes estiman en cerca de 650.000 el total de los alumnos y aproximadamente 35.000 profesores.
Santa María la Antigua (USMA) es una de las principales universidades privadas de Panamá. Una escultura del arquitecto chileno Rasán, que representa el esfuerzo colectivo, está ubicada en la entrada del campus universitario.

In Panama, 88,1% of the people know how to read and write. The country has important educational centers at every level. Recent statistics indicate that there are close to 650,000 students and approximately 35,000 instructors.
Santa María la Antigua (USMA) is one of the major private universities in Panama.
A sculpture by the Chilean architect Rasán, which symbolizes collective efforts, adorns the entrance to the university campus.

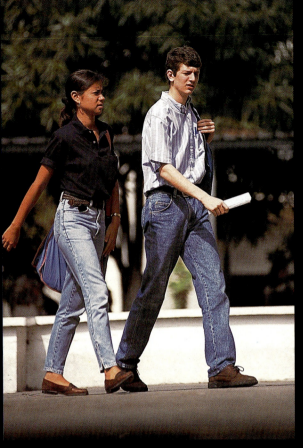

La juventud panameña se prepara para asumir el reto de dirigir su país. Cerca de 60.000 estudiantes asisten a las universidades, lo que representa 21% de la población en edad de educación superior.

Panama's youth is preparing to take on the challenge of running the country. There are almost 60,000 university students, which represents 21% of the population old enough to pursue higher education.

Panamá cuenta con más de 4.000 centros de educación esparcidos por todo el país. Entre estos se destacan el Instituto Nacional, en el Casco Viejo de la capital, y el Colegio José Guardia Vega.

Panama has over 4,000 educational centers scattered throughout the national territory, including the National Institute ("Instituto Nacional") in Casco Viejo in the capital and the José Guardia Vega School.

La cultura tiene en Panamá diversas manifestaciones como el ballet, el teatro, los conciertos. Para ello dispone de escenarios tan importantes como el Teatro Nacional. Durante una de las funciones, artistas del New York City Ballet interpretan un pass de deux.

Panama's cultural identity is expressed in different ways, through ballet, theater, concerts. There are important halls, such as the National Theater, pictured here during a presentation of the New York City Ballet interpreting a pass de deux.

Obra de arte de principios del siglo, el Teatro Nacional de Panamá es meca de las presentaciones artísticas y de eventos culturales como el grupo de danzas del Ballet Folclórico

A work of art in and of itself from the turn of the century, the National Theater of Panama is the Mecca of artistic events and cultural presentations, such as the Dance Group of the National Folkloric

Construido en 1962 a un costo de 20 millones de dólares, el Puente de las Américas se eleva para dar paso a las grandes naves que cruzan el Canal de Panamá. El tablero donde reposan las losas de concreto está a 68 metros de altura sobre el nivel medio del océano Pacífico.

Built in 1962 for 20 million dollars, the Bridge of the Americas was needed to allow the larger ships to cross the Panama Canal. The panel on which the concrete slabs lie, is located 68 meters above the median level of the Pacific Ocean.

Canal de Panamá

Gilberto Guardia Fábrega

Ningún análisis que se haga de Panamá podría estar completo sin una mirada al tema del Canal. El comprender un poco sobre su historia y funcionamiento nos brinda también la oportunidad de conocer mejor una parte muy importante de nuestro país.

Si nos remontamos a la historia de hace cuatro siglos, nos damos cuenta de que el descubrimiento del Mar del Sur por Vasco Núñez de Balboa en 1513, luego de atravesar el istmo del Darién en la región oriental del país, reforzó la esperanza del hallazgo de un paso de agua entre el Atlántico y el Pacífico. A mediados del siglo XIX aún no había canal, pero ya existía una actividad importante y creciente de comercio a través del Istmo de Panamá, lo que motivó la construcción de un ferrocarril transístmico que se completó en 1855 y que vino a ser el primer ferrocarril transcontinental de América.

La idea de construir un canal por Panamá siguió germinando en diferentes esferas políticas, profesionales y científicas. En 1880 los franceses, liderados por el conde Ferdinand de Lesseps, quien años antes había hecho el Canal de Suez en Egipto, iniciaron la construcción de un canal a nivel por Panamá. La empresa francesa pronto se encontró con grandes dificultades, principalmente por las crecientes del indómito río Chagres y los efectos de la malaria y la fiebre amarilla. Este esfuerzo realizado por el conde de Lesseps fracasó finalmente a fines de ese siglo con la quiebra de la compañía del Canal francés.

El 3 de noviembre de 1903, Panamá se separó de la República de Colombia, y la nueva nación istmeña firmó un tratado con los Estados Unidos de América para la construcción de un canal por territorio panameño. Este tratado también les otorgó a los Estados Unidos el control de una franja de tierra, denominada posteriormente Zona del Canal, a ambos lados de la vía acuática. Los trabajos de construcción por parte de los Estados Unidos se iniciaron en 1904. Pero dos años después, en 1906, se tomó la importante decisión de hacer un canal con esclusas en vez de un canal a nivel como habían intentado los franceses. El esquema adoptado consistía en represar el río Chagres para crear un gigantesco lago artificial a 25 metros de elevación sobre el nivel del mar. Los barcos serían subidos mediante esclusas desde el Atlántico hasta el lago y navegarían por este último hasta la división continental. Allí se llevarían a cabo las grandes obras de excavación para construir un canal elevado de casi 13 kilómetros de largo que permitiría el tránsito de barcos hacia otra serie de esclusas que los harían entonces descender hasta el océano Pacífico. Este modelo no sólo minimizaba el volumen de excavación requerido, sino que proveía un medio de controlar las

Coronel David DuBose Gaillard, ingeniero que estuvo a cargo de la excavación del corte que lleva su nombre.

Colonel David DuBose Gaillard, the engineer in charge of the excavation of the cut that bears his name.

Coronel George Washington Goethals, constructor de las esclusas, la represa de Gatún y parte de la excavación del corte.

Colonel George Washington Goethals, the constructor of the sluices, the Gatún Reservoir and part of the excavation of the cuts of the Canal.

Coronel William Crawford Gorgas, médico que trabajó en la erradicación de la fiebre amarilla y el control de la malaria.

Colonel William Crawford Gorgas, a physician who worked to erradicate Yellow Fever and control Malaria.

crecientes del río Chagres y de almacenar el agua requerida para la operación de las esclusas, utilizando la fuerza de gravedad en vez de un costoso y complicado sistema de bombeo.

Esta gran obra de ingeniería se llevó a cabo con todo éxito a pesar de algunas dificultades iniciales, y el 15 de agosto de 1914 el Canal de Panamá abrió sus compuertas al tránsito de barcos de todo el mundo y al comercio internacional.

La administración y operación del Canal, incluyendo su área canalera, no sufrió mayores cambios por más de sesenta años, hasta el 7 de septiembre de 1977, cuando los Estados Unidos de América y la República de Panamá firmaron un nuevo tratado que entró en efecto en octubre de 1979. En él se acordó que la Zona del Canal, como territorio administrado por los Estados Unidos, desaparecería en 1979 y que el Canal continuaría bajo administración norteamericana por veinte años más para luego ser transferido a la República de Panamá al mediodía del 31 de diciembre de 1999.

Como resultado del nuevo tratado se creó una entidad denominada la Comisión del Canal de Panamá, con la función de administrar la vía acuática hasta la culminación de los acuerdos en 1999. Un punto importante de este convenio fue también el reconocimiento por parte de los Estados Unidos y Panamá de que los panameños participarían en forma creciente en todas las áreas de operación del Canal. Como consecuencia de esto, actualmente los panameños constituyen el noventa por ciento de la fuerza laboral del Canal y ocupan posiciones de gran responsabilidad a los más altos niveles.

Dos aspectos importantes que han sido siempre motivo de orgullo para la empresa del Canal y que no se vieron afectados por el nuevo tratado fueron los programas de mantenimiento y mejoras del Canal. Desde la entrada en vigencia del acuerdo de 1979, la Comisión del Canal ha invertido más de mil millones de dólares directamente en mantenimiento y modernización, gracias a lo cual hoy el Canal sigue siendo una instalación bien diseñada, moderna, en excelente estado de operación, que continúa brindando un servicio de tránsito eficiente y a un

costo competitivo. Mediante un sistema de mejoras bien planificado, el Canal se mantiene al día con las demandas cambiantes del comercio mundial y con los últimos adelantos de la tecnología. Todo esto garantiza que por muchos años más continuará funcionando de una manera segura y eficiente y prestando un servicio valioso al comercio internacional.

Con un Canal en óptimas condiciones y con una fuerza laboral altamente capacitada, el gobierno de Panamá y los panameños han empeñado su palabra en asegurar que el Canal seguirá operando sin interrupciones y sin desmejorar su servicio a la comunidad mundial mucho más allá del año 2000.

Vista de la construcción de las compuertas de la cámara inferior de las esclusas de Miraflores.

A view of the construction of the floodgates of the lower chamber of the Miraflores Gates.

Foto mirando hacia el sur de la construcción del muro central de las esclusas de Pedro Miguel. Febrero de 1911.

Photo looking toward the south of the construction of the central wall of the Pedro Miguel Gates. February 1911.

El corte Culebra mirando hacia el norte entre el cerro del Contratista y el cerro de Oro. 1897.

The Culebra Cut, looking toward the north between Cerro Contratista Hill and Cerro de Oro Hill, 1897.

El Canal de Panamá es uno de los grandes logros de la humanidad. Esta maravilla de la ingeniería, sin paralelo en nuestros días, fue posible gracias a la tesonera labor de hombres visionarios que un siglo atrás soñaron en unir dos océanos: el Atlántico y el Pacífico.

The Panama Canal is one of humanity's greatest achievements. This as yet unparalleled marvel of engineering was possible thanks to the persistence of visionaries from the last century who dreamed of joining the Atlantic and the Pacific Oceans.

Al aproximarse a una de las esclusas, una nave de alto bordo es remolcada por locomotoras eléctricas (mulas en el léxico del Canal de Panamá). Un gran barco necesita hasta tres pares de mulas.

On approaching one of the floodgates, a large seagoing vessel is tugged by electric locomotives (called "mules" in the jargon of the Panama Canal). A very large boat can need up to three pairs of mules.

148

El Canal de Panamá tiene aproximadamente 50 millas de largo, y para completar el tránsito de un océano a otro, los barcos son elevados a una altura de cerca de 85 pies por medio de tres juegos de esclusas. El tránsito del Canal dura aproximadamente ocho horas.

The Panama Canal is approximately 50 miles long. In order to pass from one Ocean to the other, ships are lifted to an altitude of 85 feet through three sets of floodgates. Passage through the Canal takes about eight hours.

El corazón de la operación del Canal de Panamá es el Centro de Control de Tráfico Marítimo. Desde allí, mediante un complejo sistema totalmente computadorizado, es dirigido el proceso de aproximación, manejo y tránsito de unos 14.000 barcos que utilizan cada año esta vía.

The operational heart of the Panama Canal is the Maritime Traffic Control Center. From there, a totally computerized system directs the process of approaching, handling and transit of the 14,000 ships that use the Canal annually.

El lujoso Crown Princess tiene el récord por haber pagado más de 140.000 dólares por cada travesía del Canal de Panamá. La nave aparece al acercarse a las esclusas de Pedro Miguel en el sector central del Canal.

The luxurious Crown Princess Liner holds the record for having paid more than US$140,000 for each crossing of the Canal. The Ship appears here upon approaching the Pedro Miguel Floodgates in the central part of the Canal.

Miles de turistas y curiosos se congregan para admirar una de las más famosas embarcaciones del mundo, a su paso por el Canal de Panamá: el célebre trasatlántico Queen Elizabeth II.

Thousands of tourists and curious residents gather to admire one of the most famous ships in the world as it passes through the Panama Canal: the celebrated transatlantic liner, Queen Elizabeth II.

En la Zona del Canal, las palmas reales enmarcan al fondo del Paseo de El Prado, el monumento al constructor del Canal de Panamá, coronel George W. Goethals, y el edificio de la Administración.

In the Canal Zone, the royal palms surround the background of the Paseo de El Prado, the monument to the Panama Canal's builder, Col. George W. Goethals. Also visible is the Canal's Administration Building.

Fort Clayton fue designado como parte de la reserva militar del Curundú el 30 de diciembre de 1919 y bautizado en honor del coronel Bertram T. Clayton. Habiendo sido una poderosa guarnición del ejército estadounidense en la Zona del Canal, ha venido desmilitarizándose paulatinamente en los últimos años. No sólo instalaciones militares se encuentran en la Zona; la mansión del administrador de la Comisión del Canal es un ejemplo de las construcciones residenciales de principios del presente siglo.

Fort Clayton, named after Colonel Bertram T. Clayton, was designated as part of the Curundú military reserve on December 30, 1919. The once powerful United States Canal Zone military post has been slowly demilitarized during the years. Not only military facilities were built in the Zone; the Canal Commission administrator's mansion is an example of early century residential construction.

Plácidamente pasea hasta el perro bajo el sol matinal en El Prado, barrio de Balboa. Allí el motociclismo es uno de los deportes que atrae un selecto número de seguidores. Los socios del Club Harley-Davidson de Ciudad de Panamá se encuentran listos para iniciar una excursión.

A placid walk under the sun of an afternoon in El Prado in the Balboa neighborhood. Motorcycling one of the sports that attracts a select number of followers to this area. The members of the Panama City Harley-Davidson Club are ready for a ride.

Ejercicio cotidiano se realiza en el Causeway, la calzada de Amador, hecha sobre el relleno con las rocas excavadas para abrir el Canal de Panamá.

Daily exercise takes place on the Causeway, the Amador lane in the landfill, made from the rocks that were dug up to construct the Panama Canal.

Región Interoceánica de Panamá
Areas Revertidas de la Antigua Zona del Canal

Nicolás Ardito Barletta

Hasta la puesta en vigencia de los Tratados Torrijos-Carter en 1979, la antigua Zona del Canal incluía una franja de 8 km entre el Atlántico y el Pacífico a ambos lados de la vía acuática más el lago Gatún, un total de 1.280 km², bajo jurisdicción de Estados Unidos, que eran utilizados para la operación, mantenimiento y defensa del Canal de Panamá. Como resultado de ello no hubo desarrollo comercial y urbano panameño en esas áreas; sólo existían las instalaciones urbanas y comerciales de la comunidad norteamericana civil y militar dedicada al Canal. Las ciudades de Panamá y Colón crecieron bordeando la Zona del Canal en formas diferentes o como se desarrollan normalmente los centros urbanos. Como resultado de los Tratados del Canal, esa situación comenzó a cambiar gradualmente desde 1979 con la devolución primero de 110.000 ha de tierra y aguas y, luego, la reversión progresiva a Panamá del resto de los territorios de dicha Zona, excepto la franja necesaria para la operación del Canal, pequeños enclaves administrativos y las áreas más construidas, las cuales están dentro de las bases militares estadounidenses. Ya en la etapa final, en 1995 se recibieron las bases de Fuerte Davis y Fuerte Espinar en el Atlántico, y en 1996 el Fuerte Amador en la entrada del Canal en el Pacífico. En 1997 se recibirá Albrook y así sucesivamente, hasta el 31 de diciembre de 1999, cuando terminará el proceso establecido en los Tratados y revertirá el resto de las bases militares y hasta el mismo Canal de Panamá.

Lo que Panamá recibirá en los próximos años es la parte más valiosa, ya que incluye también más de 7.000 instalaciones de las bases militares de Estados Unidos que han servido como sitios de defensa para el Canal. Allí se encuentran puertos, aeropuertos, casas, edificios de oficinas, depósitos, hospitales, escuelas, áreas deportivas con canchas de golf, tenis y piscinas olímpicas, infraestructura amplia de calles, sistemas de agua potable y alcantarillado, electricidad y teléfonos, etc.

El Canal y las áreas revertidas, en particular las portuarias, son el mayor vínculo de Panamá con el comercio mundial y los mercados internacionales. Allí también se encuentran las áreas más adecuadas para la futura expansión urbana de las ciudades de Panamá y Colón; el lago Gatún y su cuenca hidrográfica que proveen de agua al

En la página anterior, la Base Davis. Localizada a quince minutos de los puertos de Cristóbal, Manzanillo y Evergreen's Colon Container Terminal, la antigua base abarca 120 hectáreas pertenecientes al Davis Export Processing Zone, un joint venture entre los gobiernos de Panamá y Taiwan. Foto superior, Gamboa, puerto donde confluyen el río Chagres y el cauce del Canal.

On the previous page, Davis Base. Located fifteen minutes from the ports of Cristobal, Manzanillo and Evergreen's Colon Container Terminal. This former base covers 120 hectares belonging to the Davis Export Processing Zone, a joint venture by the government of Panama and Taiwan. Above, Gamboa Port, where the Charles River and the Canal's channel meet.

Canal, y allí se logra el contacto con la biodiversidad tropical que rodea el lago, una de las más ricas del hemisferio occidental.

Panamá creó en 1993 la Autoridad de la Región Interoceánica (ARI) como entidad pública con la responsabilidad de recibir, mantener y custodiar esos bienes; planear su uso; incorporarlos al desarrollo nacional y recibir los ingresos que todo ello implique para destinarlos al Fondo Fiduciario de Desarrollo Social que administra el Gobierno nacional para dedicarlos a proyectos de infraestructura y de desarrollo social que beneficien a los panameños en todo el territorio nacional. Todo ello lo realiza de acuerdo con un plan científico de usos del suelo, con base en cinco grandes categorías de criterios en la incorporación de los territorios y bienes revertidos al desarrollo nacional: a) los económicos, para hacer uso de los bienes en forma tal que generen exportaciones, empleos y usos de materias primas nacionales; b) los sociales, con el propósito de generar bienestar para la mayor cantidad

La Escuela de las Américas está rodeada de exuberante vegetación, y dista sólo 8 km de Colón y su Zona Libre. La ARI está promoviendo el uso de las instalaciones con fines turísticos.

Escuela de las Americas is surrounded by exuberant vegetation and is only 8 km from Colon and its Free Trade Zone. ARI is promoting the facilities for tourism purposes.

posible de población; c) los urbanos, para incorporarlos al desarrollo de las ciudades a fin de que mejoren su funcionalidad, su ambiente y su estética; d) los ambientales, para proteger la rica biodiversidad y la cuenca hidrográfica del Canal, logrando un desarrollo sostenible, y e) los del Canal, para proteger la capacidad de operación y funcionamiento eficiente del Canal así como de su expansión en el siglo XXI para servir las crecientes necesidades del comercio internacional. Con el apoyo de la ciudadanía en general, de gremios e instituciones, del Gobierno nacional y de grupos y organizaciones internacionales, la ARI ha definido una estrategia de desarrollo para las áreas revertidas, ha formulado los planes de uso de las mismas, ha abierto los registros minuciosos de las propiedades y las está incorporando al desarrollo del país.

La Zona de Tránsito comprendida por las ciudades de Panamá, Colón, La Chorrera y el Canal de Panamá, incluye 60 por ciento de la población del país, 80 por

Amador está por convertirse en el centro turístico más importante de la región. En septiembre de 1996, la ARI firmó con el consorcio coreano-estadounidense United Enterprise Trust Group un contrato para la construcción de un complejo turístico de US$300 millones.

Amador is about to become the area's most important tourist center. On September 1996 ARI and the United Enterprise Trust Group, a Korean-American consortium, entered into a contract for the construction of a US$300 million tourist complex.

ciento del Producto Nacional y 75 por ciento de las exportaciones. Un país de economía propia pequeña como Panamá necesita aumentar y diversificar sus exportaciones para ampliar sus mercados, mejorar su productividad, acelerar su crecimiento económico e incrementar el bienestar social de su población. Para contribuir con ese objetivo, la estrategia para el uso de las áreas revertidas, en lo económico, contempla el fomento de actividades generadoras de exportaciones y empleos vía el fomento de la inversión privada nacional e internacional.

Panamá ha invitado a los inversionistas nacionales e internacionales para que aprovechen el vínculo con los mercados internacionales que ofrece el tránsito por el Canal de 14.000 barcos al año, desarrollando negocios marítimos, comerciales, industriales, de turismo, de comunicaciones y de otros servicios relacionados con la economía del hemisferio occidental y de otras partes del

La Base Aérea de Albrook, emplazada sobre el Pacífico, revertirá a Panamá el próximo año. Esta base cuenta con 311 hectáreas y facilidades tales como viviendas familiares, dormitorios, almacenes y depósitos, club comunitario, piscina, oficina postal, cafetería, establo y hangares.

Albrook Air Force Base, on the Pacific, will revert to Panama next year. It covers 311 hectares and includes facilities such as housing, dormitories, warehouses, community club, pool, post office, cafeteria, stables and hangars.

mundo. Toda una gama de negocios en esas actividades pueden ahora complementar y beneficiarse de lo que representa la operación del Canal, la Zona Libre de Comercio de Colón y el Centro Bancario que operan en Panamá, aprovechando el acceso directo a las riberas del Canal.

La estrategia de desarrollo del país, su nueva política económica, la modernización de su administración, la preparación profesional y técnica de su gente y su vocación histórica le permitirán consolidar estas oportunidades, contribuyendo así a una mejor integración de América y al aumento del comercio mundial.

En este fin de milenio, en el que se imponen la apertura económica y la globalización de los mercados, Panamá ofrece una aportación excepcional para hacer del siglo XXI una época de paz, de progreso y de entendimiento entre los hombres y los continentes, y para propiciar los intercambios económicos, comerciales y culturales en beneficio de toda la humanidad.

El Corazón del Comercio Mundial
La Gran Zona Libre de Colón

Por Victoria H. Figge

Todas las vías del mundo, sean marítimas, aéreas o terrestres llegan hasta la Zona Libre de Colón, el corazón del comercio mundial. La Zona Libre de Colón es la única del mundo con acceso a dos océanos (Pacífico y Atlántico): un fuerte centro bancario y un canal interoceánico, el Canal de Panamá, considerado como una de las siete maravillas del mundo.

Alrededor de 1.600 compañías operan en la Zona Libre de Colón actualmente. Esta Zona Franca es, no sólo la más grande del mundo, sino la mejor ubicada geográficamente y, por lo tanto, la que posee los canales de distribución más rápidos y eficientes.

En la Zona Libre de Colón los inversionistas y las compañías obtienen beneficios fiscales como:

- 0% impuesto sobre la renta.
- Exención de impuestos de venta de producción y sobre importaciones o exportaciones a países extranjeros.
- Exención de impuesto sobre ingresos generados en el extranjero.
- Tarifa preferencial de impuesto sobre la renta.

Potencial por desarrollar

Cuando finalizaba la Segunda Guerra Mundial y al considerar la situación en que se encontraba la ciudad de Colón, varios empresarios coloneses propusieron al presidente Enrique A. Jiménez la creación de una Zona Libre en la ciudad con objeto de brindar oportunidades de empleo a sus ciudadanos, aprovechando la excelente posición geográfica de la Isla de Manzanillo a la entrada del Canal de Panamá en el lado Atlántico.

Fue así como, durante la presidencia de Jiménez, se creó la Zona Libre de Colón mediante el Decreto Ley número 18 de 17 de junio de 1948 que la convirtió en una de las instituciones más importantes del Estado panameño, debido a su progreso y reputación.

Hoy en día, alrededor de 1.600 compañías operan en la Zona Libre de Colón y centenares más están representadas, con un volumen de movimiento comercial de 10.000 millones de dólares anuales. Sus mercados más importantes son Colombia, Venezuela y, desde luego, América Central, Suramérica y el Caribe.

Pero, luego de 48 años desde su fundación, la Zona Libre de Colón tiene aún potencial por desarrollar: el intercambio comercial entre áreas mundiales Sur-Norte. Este-Oeste y viceversa. Hasta ahora esta zona se había dedicado principalmente al comercio Norte-Sur. De ahí que la Administración actual promueve el comercio de mercados caribeños, centro y suramericanos hacia el resto del mundo.

La mercancía almacenada en la Zona Libre de Colón procede principalmente del Lejano Oriente, Europa y Estados Unidos. Su posición geográfica en las riberas del Canal de Panamá contribuye a que la distribución de esas mercancías sea más rápida y eficiente.

Es indiscutible que la Zona Libre de Colón es no sólo la zona franca más grande del mundo, sino que en ella están representadas las industrias más importantes del orbe en toda la gama de productos desde cigarrillos, licores, perfumes, electrodomésticos, hasta medicinas, automóviles y equipo industrial.

Debido a la gran demanda de nuevas empresas que además de las ventajas de la Zona Libre también aprecian las ventajas del área física, actualmente se realizan rellenos en la Bahía de Manzanillo a un ritmo sin precedentes para poder ampliar el espacio físico.

En la Zona Libre las compañías pueden hacer importaciones libres de derechos aduaneros o cuotas y con un mínimo absoluto de restricciones fiscales o gubernamentales. Las importaciones a granel desde el Lejano Oriente y Estados Unidos se suelen reexportar a América Latina. Las estadísticas de la Zona Libre de Colón muestran un promedio de 28% de crecimiento anual durante los últimos años. Su potencial de mercado alcanza unos 525 millones de consumidores procedentes de el Caribe y de América Latina.

La inigualable ubicación geográfica de la Zona Libre de Colón, su cercanía a los Tigres del Pacífico, y al Norte, y su relativa proximidad a Europa, hace de ella el lugar ideal como zona franca de comercio y como futuro centro de redistribución internacional. En este sentido, y ante la globalización de la economía mundial y la creación de tratados de libre comercio regionales, su objetivo es centralizar todos los productos del hemisferio americano para su posterior venta a otros mercados, y productos de otros mercados para distribuirlos en todo el hemisferio, sobre todo si tomamos en cuenta que, de acuerdo con lo expuesto en 1994 en la Cumbre de Miami, para el año 2005 ese hemisferio será una Zona de Libre Comercio. Ya avanzan los planes para la construcción de infraestructura para almacenaje, puertos, aeropuertos y todas las facilidades multimodales para servir al mundo.

Ventajas para los compradores

La inigualable posición geográfica de la Zona Libre de Colón permite la visita de comerciantes de Centro y Suramérica, así como del Caribe y otras regiones del mundo (más de 250.000 por año) gracias a la gran cantidad de vuelos que llegan de todas partes a la Ciudad de Panamá. A hora y media por carretera o a 15 minutos en avión desde la capital del país, el comprador ingresa a la Zona Libre, previa presentación de su pasaporte en el Departamento de Pases.

Encontrará en ella una amplia gama de productos que puede adquirir en diferentes empresas y consolidar en empresas que el comprador elija para que le empaquen la mercancía y la embarquen hacia su destino final, por tierra, mar o aire.

En la Zona Libre también se hallan establecidos bancos de licencia internacional y local que brindan facilidades financieras a los clientes. El dólar americano es la moneda de curso legal en todo el país, razón por la cual no existen restricciones o controles monetarios.

La Administración de la Zona Libre de Colón es una entidad gubernamental autónoma que maneja eficientemente esta zona franca, con una fuerza laboral de más o menos 500 empleados entre guardias de seguridad, abogados, arquitectos, contadores y otros profesionales cuyas habilidades hacen posible una operación que utiliza a la empresa privada para producir la organización más exitosa de Panamá.

Perfil de la Zona Libre de Colón

- Ubicada en la entrada del sector Atlántico del Canal, la Zona Libre de Colón tiene aproximadamente 400 hectáreas de terreno.
- 0% impuesto sobre la renta.
- Cualquier empresa o persona natural, independientemente de su nacionalidad, puede establecer operaciones en la Zona Libre de Colón mediante una solicitud en la Administración y el suministro de referencias comerciales y bancarias, incluyendo un paz y salvo nacional (constancia del Gobierno de que no debe impuestos).
- No se exige licencia comercial ni se estipula un mínimo de capital de inversión.
- Las únicas condiciones que existen para las empresas es que se emplee un mínimo de cinco panameños y se realice un 60% de reexportación, como mínimo.

- Las compañías pueden alquilar espacio, locales o construir sus propias edificaciones.
- Para establecerse en la Zona Libre se puede alquilar un local privado bajo un contrato de operación. Este alquiler puede ser por medio de la administración o la empresa privada; alquilar un terreno por 20 años y construir instalaciones propias por medio contrato de arrendamiento de lote; mediante la representación de una compañía ya establecida, con un contrato de representación; o mediante el manejo de la mercancía a través del sistema de depósito público.
- Los costos de operación están entre los más bajos de las zonas libres del hemisferio occidental.
- Uno de los factores que han impulsado el éxito de la Zona Libre es la rapidez de la entrega de la mercancía. Los clientes se ahorran semanas y hasta meses en el tiempo de entrega por las siguientes razones: la mercancía ya se encuentra en el continente y no está sujeta a cuotas de manufacturas y tarifas de fletes desde la otra mitad del mundo; las compañías de la Zona Libre, ayudadas por la mínima burocracia y por el conocimiento del papeleo requerido en todos los países del mercado, despachan la mercancía en tiempo récord; la red de transporte desde Panamá hacia todas las partes de América Latina y el Caribe es de primera.
- Las compañías deben pagar una licencia anual de 200 dólares.
- Maneja 11.000 millones de dólares en importaciones y reexportaciones anualmente.
- Genera alrededor de 14.000 empleos.
- Las principales importaciones se efectúan desde Hong Kong, Japón y Estados Unidos.
- Las reexportaciones se realizan principalmente hacia Colombia, Ecuador y otros países centro y suramericanos.
- Durante 1995, las inversiones en la construcción dentro del área ascendieron a 15,9 millones de dólares.
- La participación en los depósitos bancarios fue de 368,4 millones de dólares de un total de 6.511 millones de dólares.
- Los créditos bancarios dirigidos a las empresas de la Zona Libre ascendieron a 725 millones de dólares.

La recién inaugurada octava puerta de acceso de la Zona Libre de Colón, denominada José Dominador Bazán en honor de un ilustre colonense, ex Presidente de la República y ex gerente general de la Administración de la Zona Libre de Colón. La estratégica vía sirve de acceso a un punto medio entre los dos sectores principales del área franca: Colón y France Field.

The recently inaugurated Colon Free Trade Zone José Dominador Bazán eighth access gate, named in honor of a prominent Colon citizen, former President and former Zone general manager. The strategic road serves to access the midpoint between the two main Zone sectors: Colon and France Field.

Gente y productos de todo el mundo se dan cita en la Zona Libre de Colón, donde más de 1.600 compañías hacen negocio con cerca de 120 países del mundo.

People and products from all over the world meet in the Colon Duty-Free Zone, where over 1,600 companies do business with almost 120 countries.

Saint - Honoré, S.A. se encuentra desde hace veinte años en la Zona Libre de Colón, es especializada en la distribución de perfumes y cosméticos europeos para Centro y Suramérica. Saint - Honoré, S.A. distribuye las famosas marcas: Payot, Lancaster, Carita, Gucci, Giorgio Beverly Hills, Chanel, Ungaro, Gabriela Sabatini, Another You, Gianfranco Ferre, Montana, Givenchy, Azzaro, 4711, Bvlgari, Jaguar, Faconnable, Kenzo, MCM y Foltene, entre otras.

Saint - Honoré, S.A. has been in the Colon Free Trade Zone for twenty years exclusively distributing European perfumes and cosmetics to Central and South America. Saint Honoré carries renowned names: Payot, Lancaster, Carita, Gucci, Giorgio Beverly Hills, Chanel, Ungaro, Gabriela Sabatini, Another You, Gianfranco Ferre y Montana, among others.

La Zona Libre de Colón ofrece un mercado de miles de marcas de todas partes del mundo a precios competitivos y con rápida entrega en virtud de las facilidades de todo tipo de transporte que ofrece Panamá.

The Colon Duty-Free Zone is a competitively-priced marketplace boasting thousands of worldwide brand names and quick delivery, thanks to the facilities for every type of transportation available in Panama.

Stefanie, S.A., señala la exactitud y el buen tiempo desde la Zona Libre de Colón. Sus dieciséis años de experiencia en venta de relojes y representante exclusivo para América Latina de los prestigiosos relojes Bulova y Guy Laroche, convierten a Stefanie, S.A., en uno de los agentes más precisos en el transcurso del tiempo.

From the Colon Free Trade Zone, Stefanie S.A. furnishes exact and good time. Its sixteen years in the quality watch business, and exclusivity as Latin America representative for Bulova and Guy Laroche watches, makes it time's most precise agent.

La Zona Libre fue creada en 1948 con 38 hectáreas adyacentes a la Ciudad de Colón, que pronto se vieron copadas de depósitos y almacenes. A finales de la década de 1970 se habilitaron 24 hectáreas más frente a la bahía en France Field, antiguo aeropuerto del ejército norteamericano.

The Duty-Free Zone was created in 1948 on 38 hectares adjacent to Colon City. This tract was full of warehouses and stores in the blink of an eye. Towards the end of the '70's, another 24 hectares (formerly the airport for the U.S. Army) across from the Bay in France Field was added.

El movimiento comercial de la Zona Libre asciende a 10.000 millones de dólares anualmente, y sus principales mercados son Centro y Sur América y el Caribe. El puente Silvio Salazar, en honor del primer gerente general que tuvo la Zona Libre de Colón, conecta las dos áreas principales de la Zona Libre de Colón: la ciudad de Colón y France Field.

The Free Zone does 10 billion dollars in annual business. Its main markets are Central and South America and the Caribbean. Silvio Salazar Bridge, named in honor of its first general manager, links the Zone's main areas: the city of Colon and France Field.

Manzanillo International Terminal Panamá, S.A., es un puerto que sirve a Panamá y al mundo. Localizado en la zona Atlántica del Canal de Panamá, y construido en 1995 a un costo de 120 millones de balboas, el terminal portuario realiza operaciones de trasbordo de contenedores principalmente para el mercado latinoamericano. Sus seis grúas de pórtico (cuatro Postpanamax, dos Panamax), 850 metros de línea de atraque, y un completo sistema automatizado para planificar operaciones de buques y control de patio, facilitan el manejo de carga y acceso directo a la Zona Libre de Colón, convirtiéndolo en uno de los terminales más eficientes y modernos del área.

Manzanillo International Terminal Panama, S.A. is a port serving Panama and the world located on the Panama Canal's Atlantic side. Built in 1995 at a cost of 120 million balboas the port terminal provides container transhipment service, mainly for the Latin American markets. Its six portico cranes (four Postpanamax, two Panamax), 850 meters dock and complete ship handling and yard control automated system supports cargo operations and direct access to the Colon Free Trade Zone, making it one of the area's most modern and efficient terminals.

Manzanillo International Terminal Panama, S.A. es un consorcio formado por Motores Internacionales S.A. (Moinsa), empresa panameña y Stevedoring Services of America (SSA), empresa norteamericana. Actualmente se construye la segunda fase del proyecto que comprende 300 metros de muelle, 8 hectáreas para patio de contenedores e instalación de dos grúas Postpanamax adicionales.

Manzanillo International Terminal Panama, S.A. is a consortium made up of Motores Internacionales S.A. (Moinsa), a Panama firm, and Stevedoring Services of America (SSA), a United States company. Expansion is currently underway covering 300 dock meters and a 8 hectare container yard and installation of two additional Postpanamax cranes.

Un eslabón vital para la operación multibillonaria de la Zona Libre de Colón es el puerto de Cristóbal, cuyos patios de carga están siempre en continuo movimiento con mercancías de todo el mundo.

A vital link for the multi-billion dollar operations of the Colon Duty-Free Zone is the Port of Cristobal, where the patios of cargo are in constant turnover of merchandise from all over the world.

En la arquitectura de Colón la fachada neo-churriguera del Hotel Washington es orgullo de la ciudad. Detrás de la baranda de este hotel se ven los barcos que esperan su turno para pasar por el Canal.

The point of pride of Colon's architecture is the "neo-churriguera" facade of the Hotel Washington. Behind the railings of this Hotel, you can see the ships waiting their turn to go through the Canal.

Colón es la segunda ciudad de Panamá, y su desarrollo y riqueza dependen casi totalmente de la actividad económica de la Zona Libre. En esta ciudad han florecido diversos estilos arquitectónicos debido al origen de los inmigrantes.

Colon is the second largest city in Panama. It's level of development and riches depend almost totally on the economic activity of the Duty-Free Zone. Various divers architectural styles have flourished here, due to the origin of the immigrants.

Nuevos monumentos como el Cristo Redentor, adornan los paseos y avenidas de una ciudad,

New monuments such as Christ Redemptor adorn the drives and avenues of a city anxious to show its

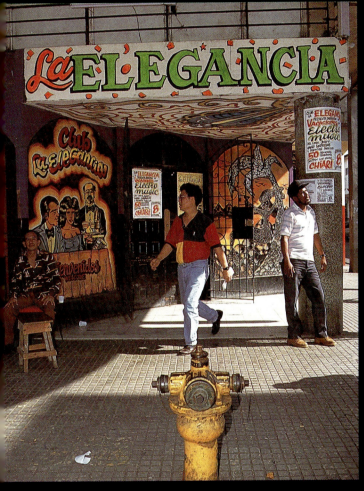

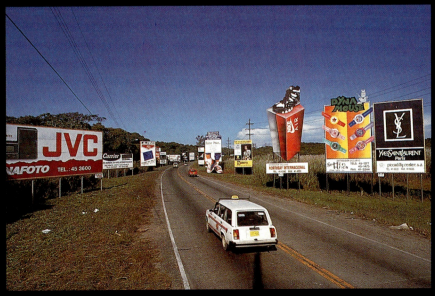

Cultura
Alfredo Figueroa Navarro

La población aborigen precolombina alcanza diez por ciento de la población total de la república, y es la segunda de Centroamérica después de la de Guatemala. Existen varios grupos indígenas (chocoes, kunas, guaymíes, teribes, bokotas, bri-bri, etc.) de culturas peculiares. Merced al mestizaje, iniciado en el siglo XVI, los indígenas constituyeron uno de los elementos definitorios de la nacionalidad panameña. Los kunas y chocoes provienen de Colombia, aun cuando éstos emanen primitivamente, quizás, de Brasil, Venezuela y del Ecuador.

Antes de la conquista hispana, la sociedad estuvo formada por cacicazgos diversos y no alcanzó a formar una entidad estatal como ocurriría entre los mayas, los aztecas y los incas. Entre los cacicazgos más ilustres figuraban los de las provincias centrales. Vale decir que el istmo central no abrigaba, como en la actualidad, más de la mitad de la población autóctona.

El aporte aborigen a la cultura panameña se manifiesta en rasgos de civilización que van, aparte de lo genético, de la toponimia al arte culinario, la cultura material y ciertas maneras de ser que derivan de nuestro más remoto pasado.

La contribución hispánica

A partir de 1501, el Istmo de Panamá recibió la impronta del hombre hispano que arribó como conquistador y colonizador. El aporte peninsular fue, principalmente, de carácter andaluz, extremeño y castellano. Durante el siglo XVIII, la hegemonía vasca, navarra, santanderina y catalana cambió el paisaje. Y en el XX han predominado la gallega, la asturiana, la catalana y la vasca. En la antigua Ciudad de Panamá, fundada en 1519 a orillas del océano Pacífico y primera urbe colonial establecida en el Mar del Sur, existía un 22% de población blanca a principios del siglo XVII. Esta se caracterizaba por ser un conglomerado flotante y de tránsito, ávido de amasar fortunas velozmente y de residir en Lima o tornar a España.

Desde los orígenes de la conquista, el hombre hispano recorrió los rincones del Istmo y fundó aldeas, villorrios, pueblos y ciudades como la Villa de Los Santos, Santiago de Veraguas, Penonomé y Remedios. Al principio se pensó que la comarca brindaría un sinfín de metales preciosos. Por algún tiempo se explotaron los placeres auríferos de Concepción, en el norte de Veraguas, durante el siglo XVI. Sin embargo, el Istmo, a diferencia de México o de Colombia, no se reveló como una auténtica potencia minera. Esto explica el nulo desarrollo de las ciudades del interior y su manifiesta pobreza, a más de su consagración a actividades de naturaleza agropecuaria y el poco florecimiento netamente minero o industrial.

Mediante sus instituciones económicas, políticas, sociales y religiosas coloniales, España y sus hombres influyeron poderosamente en la formación del panameño actual, fruto de movimientos de miscegenación bastante acentuados a partir del siglo XVI. Como vimos, en el istmo central 22% de la población urbana era blanca y

Los habitantes de la comarca Cunayala también conocidos como los kunas de San Blas, habitan en cerca de 365 islas e islotes del archipiélago de Las Mulatas, frente a la costa de San Blas, a orillas del Caribe. La pollera, traje típico nacional está presente en todas las festividades.

The Cunayala region folk, known as the San Blas Kunas, live on nearly 365 Mulata Archipelago islands and islets across San Blas' coast on the Caribbean shoreline. The "pollera" typical attire is worn at all festivities.

70% provenía del Africa; la cuña aborigen fue mínima y las mezclas de las tres razas incipientes.

Un siglo más tarde la miscegenación resultó avasalladora, pues el grupo hispano o criollo de Ciudad de Panamá a fines del XVIII sólo frisó con 12%. La cuña restante la formaban los pardos y mulatos, o sea los que emanaban del cruce de blancos y africanos. Como detallamos, si la contribución hispana decayó a partir de 1821 y se debilitó bastante a lo largo del XIX, comenzó a sentirse desde los albores del siglo XX con la llegada de obreros españoles que laboraron en la excavación del Canal. Ya aseveramos que la inmigración hispánica de la vigésima centuria ha sido mayoritariamente del norte peninsular, a diferencia de la cumplida en el siglo XVI.

La presencia africana

Innegablemente la impronta africana fue determinante en la cristalización del panameño actual. Volatilizado el aborigen en el istmo central, toca al africano mover la rueda de la economía en calidad de esclavo y luego como liberto. En virtud del carácter estamental de la sociedad colonial panameña, el conglomerado se dividió en castas por las cuales se estableció un rígido sistema de estratificación que fue morigerándose conforme progresaba la colonia.

Colocados el español y el criollo en la cúspide de la pirámide, el sistema de castas discriminó al indígena y al africano y sus combinaciones cuyas variedades multiplicó, tal como se puede observar en los cuadros que sobre éstas se exponen en el Museo de América, de Madrid, el Museo del Instituto de Antropología, de México, y el Museo Imperial de Viena. Entre éstas, mencionemos a los castizos y sexterones, casi españoles, los quinterones, los cuarterones, los tercerones, los mestizos, los mulatos, los zambos e infinidad de otras síntesis tan curiosas como "salta atrás", "tente en el aire" o "no te entiendo".

A las castas se las destinó a los oficios manuales o "mecánicos" despreciados por los peninsulares y criollos. De ahí surgió la especialización de los estamentos

inferiores al artesanado y los trabajos menos cotizados. En Panamá, el negro liberto se dedicó a esos menesteres y, junto al esclavo o siervo, coadyuvó a edificar iglesias, murallas, moradas y caminos, a más de dedicarse, entre otros menesteres, al arreo de mulas y a la conducción de embarcaciones que permitían transportar mercancías y hombres a través de la franja transístmica.

Como hemos advertido en otro lugar, aparte de los movimientos de aculturación desplegados por los grupos dominantes de estirpe hispana durante todo el coloniaje, existieron, a su vez, dinámicas de transculturación que africanizaron potentemente al colono ibérico y sus descendientes al tiempo que españolizaron a los grupos subalternos (aborígenes africanos y sus mezclas). Estos, a la postre, se convirtieron en el meollo de la futura población panameña y comenzaron a sentirse, quizá desde el siglo XVIII, súbditos del territorio panamense. Resultantes de procesos de emblanquecimiento y de ennegrecimiento, las llamadas "castas" coloniales están en los orígenes del substrato de la población ístmica actual, guardadas las proporciones.

Por consiguiente, prescindiendo de la contribución de estos tres ingredientes étnicos que convivieron y se cruzaron desde el Renacimiento en el Istmo, sería imposible comprender la eclosión de la nacionalidad panameña. A estas fuentes raciales habría que añadir el territorio de la Audiencia de Panamá, el cual corresponde groseramente con el de la República, el idioma castellano, la religión y una particular manera de comportarse que encarna una de las acepciones del vocablo cultura.

Nuevos agregados culturales

Lo descrito hasta ahora constituyó, hasta mediados del decimono, el panorama de la cultura panameña, mestiza y compuesta por tres fuentes nutricias de primerísimo orden. En la segunda mitad del siglo XIX aparecieron otros complejos culturales que habrían de marcar poderosamente la entraña patria, como el chino, el africano-antillano, el hebreo, el estadounidense, el europeo septentrional y meridional y algo del indostanés.

Durante la fiebre del oro de California (1849-1869) se internacionalizó y tornó cosmopolita la antaño monótona zona de tránsito gravada por una recesión que se inició en los primeros años de independencia formal republicana (de 1824 en adelante) y por la pobreza vigente durante la segunda mitad del siglo XVIII. A lo largo de esa etapa sólo hubo una época de auge comercial, de 1810 a 1824. Los años liminares de la década de 1850 aportaron novedosas mutaciones como la inauguración del ferrocarril transístmico en 1855 y el surgimiento del federalismo en 1856 (el cual se prolongaría hasta 1886). La elite y el común recibieron el influjo de innúmeros viandantes de babélicos orígenes quienes matizan, con sus variopintas culturas, el paisaje del istmo central (franceses, italianos, alemanes, suizos, suecos, daneses, británicos, norteamericanos, hebreos, colombianos e incluso iberoamericanos).

Surgió, de tantas presencias culturales, una curiosa síntesis similar a la que, por ejemplo, se cumplió en Barranquilla y la cual, a la sazón, experimentó el mismo fenómeno.

Posteriormente, ya en la década de 1880, tuvo lugar un lapso de bonanza apurada por el intento de perforación de un canal interoceánico por el conde Ferdinand de Lesseps. Nuevamente vivimos años de influencia gala y de cosmopolitismo tanto en las elites cuanto en el numeroso proletariado importado, sobre todo, de las Antillas británicas y francesas.

Finalmente, un influjo cultural no desdeñable lo representó Colombia durante el decimono e incluso el Virreinato de la Nueva Granada, al cual perteneció el Istmo de Panamá durante gran parte del siglo XVIII. En efecto, la irradiación de Colombia fue determinante por medio de los numerosos súbditos de todas sus regiones que sentaron sus reales aquí. Si la participación de Cartagena, la costa atlántica y el Chocó fue notable, no por ello se debe desdeñar el flujo humano proveniente del Viejo Cauca, Cundinamarca, Antioquia y los Santanderes. Los ochenta y dos años de unión a Colombia tuvieron repercusiones en la cultura local, que acaso fue alterada por la voraz penetración norteamericana ocurrida en este siglo. En el plano legal, educativo, literario, artístico y espiritual, Colombia imprimió su sello en el Istmo coetáneo.

Variaciones republicanas (1903-1994)

Cuanto hemos detallado respecto del mosaico cultural panameño se complica en la vigésima centuria marcada por un rosario de hechos significativos: independencia de Colombia (1903), firma de tratado lesivo de la soberanía (1903), terminación de los trabajos de excavación de un canal por los norteamericanos (1914), continuación de un régimen de protectorado estadounidense hasta 1936, temprana campaña de establecimiento de escuelas primarias, creación de liceos y fundación de la Universidad Nacional de Panamá en octubre de 1935. He aquí algunas fechas, escogidas al azar, y algunos acontecimientos que patentizan los avatares que jalonan las primeras décadas de la presente centuria.

Demográficamente, la sociedad urbana sufrió el impacto del arribo de legiones de inmigrantes que, en poco tiempo, transformaron la morfología de las ciudades terminales, Colón y Panamá. Entre los grupos que llegaron en el siglo pasado se incrementó en extremo la presencia antillana y la oriental. Germinaron auténticos guetos chinos, barbadienses y jamaicanos.

Por otra parte, se creó la zona del Canal de Panamá y se vigorizó un enclave colonial en pleno corazón de la república. Se instaló en la Zona un pastiche de sociedad sudista estadounidense basada en la discriminación social y salarial.

Pero también concurrieron al Istmo individuos de otras procedencias: norteamericanos, europeos, hebreos sefarditas y de otras progenies, sirio-libaneses e, inclusive, centro y suramericanos.

De modo que, a lo largo de la última centuria del milenio, se diversificaron las vertientes de la cultura panameña.

En los rostros de los panameños queda reflejada la riqueza de la mezcla de razas que ha caracterizado al País. Sin perder los elementos más fuertes de su cultura, han sabido integrarse sin traumatismo a una nueva identidad.

The faces of panamanians reflect the wealth of the mixture of races that characterizes the country. They have always tried to integrate without sacrificing the strongest elements of each individual culture, yielding a richer new identity.

En sus horas de esparcimiento los panameños se dedican a sus aficiones, que van desde el dominó de los pensionados hasta las actividades al aire libre de los más jóvenes.

In their hours of leisure, Panamanians have fun with hobbies, which range from playing dominoes —the favorite of retirees— to a wide variety of open-air activities —characteristic of the younger set.

Precisemos que existen multitud de subculturas en el Istmo: la urbana de las ciudades terminales, henchida de cosmopolitismo y abierta al influjo foráneo; las rurales, menos prestas a hospedar instantáneamente el mensaje halógeno; las relativas a los distintos grupos humanos minoritarios que, poco a poco, han ido integrándose a la nacionalidad, y algunas subculturas exteriores recientes que delatan el espíritu de gueto. Además, cumpliría agregar las culturas amerindias.

Si se pudiera descifrar la personalidad básica del panameño promedio, sería factible percibir la huella de distintas pautas culturales. Algunos antropólogos lo notan alegre, extrovertido, festivo, hospitalario y despreocupado. Otros afirman que los nuevos tiempos lo han vuelto cínico, indolente, hiperindividualista y consumista a ultranza. Ciertas voces aseveran que el panameño ha sufrido procesos de despojo de su autoestima y que sigue existiendo una especie de complejo de inferioridad respecto de lo propio al que se refería, hace casi cincuenta años, el filósofo Diego Domínguez Caballero.

Ante la pregunta: ¿qué es el panameño?, convendría, por tanto, ser cauteloso y estudiar sus raíces con esmero y tesón. Esta breve cala a la problemática de los ingredientes de su cultura persigue mostrar cuán intrincada resulta la red de fuerzas que confluyeron en la constitución de la cultura nacional.

La figura del "canillita", denominación típica del vendedor de periódicos, es popular en la capital panameña. Ellos también tienen a su cargo el cuidado de los gatos que deambulan por los caserones del Casco Viejo.

A "canillita", the traditional nickname of newspaper vendors—a typical sight in the Capital of Panama. These are the charitable souls who take care of the cats that roam through the mansions in the Casco Viejo Sector.

Típica sala de una casa en el barrio de San Felipe en Ciudad de Panamá. De los muros cuelgan los retratos de los antepasados, inclusive el del tío emparentado con el Libertador Simón Bolívar.

A representative living room in one of the houses in the San Felipe neighborhood in Panama City. The walls are adorned with pictures of ancestors, including an oil of a guy who was related to liberator Simón Bolívar.

Folclore

Dora P. de Zárate

Se habla mucho de la identidad de los pueblos; de ese *hacer* que los vuelve diferentes aunque tengan las mismas formas de gobierno y las mismas políticas industriales, económicas, educativas. Esa identidad la alimenta la cultura folclórica. Los eruditos pueden hacer lo que quieran, pero cuando menos lo piensan, de su fondo salta el hombre *folk* que llevamos dentro, pues lo que se bebe de los pechos de la tradición no se agota jamás y nos pone a la vista de todos, sin remedio. Por ello trataremos en estas cortas líneas dedicadas al folclore panameño, de poner en evidencia algunas de nuestras manifestaciones más preciadas.

Es de notar que los pueblos expresan con más sinceridad las modalidades de su carácter cuando actúan sin las ataduras que imponen especiales reglas de cortesía, y esta oportunidad nos la prestan las múltiples celebraciones que se realizan durante el año en nuestro país. En esas celebraciones se lucen los vestidos típicos y surgen los bailes, las danzas, la música, el cantar, el decir, las creencias, los cuentos, las sagas, las comidas regionales... Vivir una de estas fiestas es pasar un buen rato saturado de tradición panameña, que es riquísima de contenido y de expresión.

Entre las celebraciones más renombradas está el Carnaval, que el panameño toma tan a pecho que se ha ganado el decir de que "lo único que verdaderamente toma en serio el panameño es el Carnaval". Toda la vida se paraliza por cuatro días para hundirse totalmente en las profundas aguas de la diversión. Todos sabemos algo de esta manifestación cultural de tanta profundidad histórica y que goza de universalidad. Pocos son los lugares que, como Panamá, alientan supervivencias de épocas tan lejanas que reproducen con tanta fidelidad los elementos que caracterizaron, en la antigüedad pagana, las saturnales romanas. Aquí, como en aquel entonces, la locura del agua, del fuego, la embriaguez no sólo de los sentidos corporales sino también del espíritu; aquí, como entonces, los disfraces, las máscaras, los trajes típicos, los reinados de cuatro días, los carros alegóricos, el entierro de La Sardina, supervivencia del sacrificio que se hacía al final de las saturnales del rey de las fiestas.

Son también un vivero de exposición de nuestras tradiciones los festivales de carácter folclórico, entre los cuales se destacan el famoso Festival de la Mejorana en Guararé y el del Manito en Ocú, festivales de verdadera exaltación del instrumento, de la música, del cantar y del baile de mejorana, práctica que, por cierto, es la manifestación musical más hispánica que tenemos.

Tanto en el Carnaval como en los festivales reinan los vestidos típicos, sobre todo el femenino: La *pollera*, el cual se nos presenta como uno de los más bellos trajes típicos del mundo por su riqueza, su equilibrio, su estética. Herencia del vestido hispánico como todos los trajes de América española, aquí la geografía, la calidad estética del panameño, su sensibilidad, dieron un resul-

El rico aderezo de una joven panameña con su pollera de gala es uno de los elementos que han hecho de ésta la expresión por excelencia del folclor en el istmo.

The gala trappings of a young Panamanian girl, with her dressy "pollera" outfit is one of the elements that has made this one of the most representative symbols of the isthmus's folklore.

tado que difiere de los demás que tuvieron el traje de la mujer española como semilla o germen.

La pollera de gala es la usada en las grandes ocasiones. Se elabora de tela de hilo blanco, con labores de talco de colores o blanco algunas veces, marcadas otras; zurcidas y bordadas, con calados, también. A esto han de añadirse las joyas de oro heredadas en decenas de años, que no se venden, que pasan con orgullo y respeto de generación en generación. Se impone, entre ellas, la *cadena chata*, luego la *bruja*, la *media naranja*, la *solitaria*, la *cola'e pato* cuyo modelo de eslabones ya se conocía en el Egipto de los faraones (cuando en París expusieron las joyas de Nefertiti entre los años 1967 a 1972, había una cola'e pato entre sus prendas). También usamos la *salomónica*, el *cabestrillo*, el *escapulario*, el *rosario*, el *cordón de mosqueta*, el de *tomatillos*, el de *abanico*. En la cabeza, por lo menos, tres pares de peinetas de balcón de oro, el peinetón, la pajuela, los parches o dolores en las sienes, los zarcillos en las orejas. En el cuello, el tapahueso, cintilla de oro o de pana de la que cuelga un dije o una cruz; en la mota de lana del centro del pecho, la roseta de perlas; en la cintura, los botones de enaguas; en las zapatillas, las hebillas de oro sobre los lazos que adornan la pala; en los dedos, sortijas de oro macizo; y en las muñecas, pulseras, o esclavas. Si se roban una panameña empollerada, completa en su ornamentación, se llevan nada más y nada menos que unos 50.000 balboas, tomando en cuenta el precio del oro actual; esto sin contar con el traje mismo, que ya tiene un costo de mil balboas, y las dos enaguas, otros mil. Con la pollera *montuna*, que es la de "diario" y que lleva la falda de percal floreado o de zaraza, no se usan tantos arreos. Tenemos también la pollera de Veraguas y parte de Herrera, que no lleva labores de mano pero cuyo tocado de peinetas de oro es asombroso. El varón que acompaña a la empollerada de gala, usa camisilla blanca, abotonadura de oro, pantalón negro de paño, sombrero "pintao" y zapatos negros. Los equipos de proyección folclórica han dado en hacer que sus varones usen una zapatilla blanca con puntera y talonera de cuero negro, que no es prenda del atuendo del hombre *folk* panameño. El varón, acompañante de la empollerada veragüense y de Ocú, usa lo que él llama "ropa pintada" y que los demás panameños han denominado *montuno*, vestido que integran una camisa y un pantalón corto elaborados en tela basta, ya sea crudo o tejido como ellos dicen, sobre la que hacen labores en punto de cruz y en "espiguetas de concha", de colores rojo, azul y amarillo quemado que son los tradicionales. El calzón no lleva flecos. También usa un sombrero de paja toquilla, blanquito, con cordón generalmente negro; pocas veces va calzado, y cuando lo hace, usa cutarras. Lo acompaña siempre un garrotillo, la imprescindible cebadera, bolsa tejida en hilo de pita, o la "chuspa", especie de cartera hecha de cuero de iguana. Dentro del marco de estas fiestas también se realizan *cantaderas*. Estamos por creer que Panamá es el lugar de América donde la décima cantada vive con más fuerza. Acompañada del Grito y la Saloma, que generalmente introducen el canto de la décima, el campesino entona sus endechas de amor, sus preocupaciones, su crítica social y política, sus creencias y hasta sus picardías. Sostiene su canto, la música que brota de la famosa guitarra campesina de cinco cuerdas, descendiente de la española de cinco que se conocía por aquellos lugares desde antes del siglo XV. En ellas se tocan los "torrentes" de *Mesano, Gallino, Zapatero, Valdivieso, Llanto, Pasitrote, Ronquina, Poncho, María*, y dejemos de contar: la lista es larga y, como se ve, suficiente para responder al gusto más exigente.

No sólo tenemos el canto de la décima. Canto tenemos también en el Tamborito, en las tunas desafiantes de Calle Arriba y Calle Abajo; en la cumbia suelta y en la "amanojá". De todos ellos, el Tamborito es esencial; es nuestro baile nacional y una de las manifestaciones más completas que practicamos, pues hay canto, texto del cantar, melodías y ritmos, instrumentos, baile, y, cuando el asunto es de gala, la brillantez de nuestros vestidos típicos. Realmente subyuga ese repicar de los tambores

Desde la época colonial y aun en los pliegues de la prehistoria, el panameño ha hecho del baile un culto especial. A través de él se cruzan mensajes las parejas y se representa un romance que recibe mediante los atuendos características que reflejan el donaire y la caballerosidad.

Ever since colonial times, and even during the dark days of the prehistoric era, Panamanians have always rendered special cult status to dance. Couples communicate secret messages through their movements, and they act out the give-and-take of romance with their characteristic costumes, replete of noble and gentlemanly airs.

en las noches, aquellos golpes de nuestros ancestros africanos sonando sobre los cueros del instrumento con intenso sabor a selva, el canto de la "cantalante" con su voz cruda, que sabe escaparse del pentagrama sin perder el ritmo, los coros y sus palmadas, las melodías que unas veces son tan tintas como Africa y otras tan hispánicas. Este baile nuestro viene de muy lejos, pues sus formas ya se ejecutaban en el siglo XV, según revelaciones del padre Labat, viajero por España en aquellas épocas, quien describe los bailes de los negros en Sevilla, prohibidos por los reyes porque habían contaminado a los mismos españoles, que los bailaban con alegría.

Las descripciones que ese sacerdote hace de su ejecución son exactas a lo que los pueblos del Darién ejecutan en sus *bullarengues*, y también a lo que ejecutan los congos, elementos que, para nosotros, dieron principio a nuestros bailes de tambor.

De ellos hay innumerables variantes dignas de la atención de todos. Así tenemos los tamboritos chiricanos muy dramatizados, los de Veraguas, Herrera, Los Santos, Coclé, Colón con sus tambores congos, y los de Portobelo, San Miguel de las Perlas, Chorrera y Darién. En cuanto a la cumbia, Panamá sigue discutiendo su progenitura con Colombia. Ambas se parecen, pero en Panamá hay un cúmulo de variantes que van desde la muy negra hasta la muy blanqueada, muy asexual, de las regiones de Ocú, donde el ritmo de la cumbia negra se trasladó, de sus tambores a la cuerda.

No podemos concluir sin dedicar algunas líneas a una celebración religiosa que agrupa numerosas danzas que hoy se practican en nuestra república para las fiestas del Corpus Christi, que tienen como centro La Villa de Los Santos. Allí se realizan las danzas de este tipo más atractivas de nuestro país. Cuarenta días después de la Semana Santa, una de las fiestas más hermosas de este pueblo, que le ha valido el dicho de "Semana Santa en Sevilla; después, en La Villa", aparecen estos danzantes, que se han hecho famosos por la vistosidad de sus atuendos, la habilidad de sus ejecuciones y el atractivo de la celebración. Estos espectáculos son del más puro sabor folclórico. Habrá que remontarse 500 años atrás cuando se inició la colonización, y el español de la gran aventura empezó a desbrozar los terrenos de la cultura aborigen y fue formándola según sus patrones culturales. Doctrinas políticas, sociales y religiosas fueron sembradas en la mente y el corazón indígenas. La Iglesia sobresalió en este trabajo formidable. Inteligentemente aprovechó los ritos y costumbres de la paganía aborigen, para injertarles los moldes cristianos. Logró así, pacientemente pero con seguridad, el sincretismo necesario para dar un solo fruto, con sabor un tanto extraño pero sabor al fin.

Estas danzas son los frutos de esa simbiosis admirable que permite reconocer los rasgos de la fe de aporte hispánico y los de la indiada pagana. Uno de los actos más llamativos en la danza de Los Grandiablos, en la que se verifica un verdadero auto sacramental, es el acto de "La Cuarteada del Sol". Antes de empezar la danza, el Diablo Mayor, después de llegar a un acuerdo con su acompañante, frente a la Iglesia ejecuta los movimientos propios de quebrantar el sol con su machete para que caiga la lluvia sobre esas tierras generalmente sedientas, y curiosamente la lluvia cae, y los danzantes bailan a veces bajo la lluvia menuda, en el atrio de la iglesia, en las calles, en las plazas, como en la época del medievo cuando la calle era el escenario del teatro que exponía los autos sacramentales. Algunas de estas danzas tienen parlamento, como los Grandiablos, El Torito, Los Montezumas, ya sea la española o la Cabezona, las Enanas, El Zaracundé, los Cucúa; otras no lo tienen, como Los Diablicos, La Pajarilla, los Diablos de Espejo, La Mojigangas y Parrampanes, que son esencialmente mímicas. A todo esto hay que agregar las variantes regionales, que recorren toda la república desde el Darién hasta Chiriquí.

El Festival de la Mejorana reúne cada año las expresiones más atildadas de la música y el baile tradicional. El hombre viste el montuno y la mujer la pollera. Los dos forman una pareja de gran riqueza natural.

The Mejorana Festival held every year includes the most elegant musical expression and traditional dance styles. The man dresses like a mountaineer and the woman in her "pollera". Together, the couple represents the whole wealth of Panama's cultural tradition.

Se ha dicho que el pueblo panameño lo que toma más en serio es el Carnaval. Preparativos de meses explotan en entusiasmo y jolgorio general durante los cuatro días de Carnaval y las ciudades compiten por ofrecer los más esplendorosos y originales.

It is said that what Panamanians take most seriously is their Carnival celebration. Months of preparation take full advantage of the enthusiasm and general euphoria for these four hectic days, and the nation's cities compete with the most splendid and original jubilees.

El atuendo de carnaval combina lo tradicional y autóctono con las corrientes más recientes derivadas de la migración de los últimos siglos. Máscaras y polleras reflejan el ingenio y la laboriosidad del pueblo panameño.

The carnival costumes combine the traditional and autonomous flavor of Panama with more recent tendencies that have begun to gather strength with the influx of immigration over the last few centuries. Masks and "polleras" reflect the ingenuity and dedication of the Panamanian people.

Glosario

Balboa
Moneda nacional de Panamá. Con el mismo valor del dólar, se le acuña en idénticas denominaciones de 1, 5, 10, 25 y 50 centésimos (centavos). No se emite en papel moneda.

Bullarengue y Congos
Bullarengue, baile regional de tambor, propio de la provincia de Darién, fronteriza al oriente con Colombia. Congos, baile regional de tambor, propio de la provincia de Colón, en la costa norte sobre el mar Caribe.

Cadenas
Según su forma y elaboración las hay chata, bruja, media naranja, solitaria, salomónica, cabestrillo, cola'e pato y tomatillos. Son cadenas y cordones de oro que se usan con la pollera y que se diferencian por el tejido de sus eslabones.

Cantadera
Reunión de cantadores de mejorana. Realmente es un desafío o concurso de canto. Gana el que más décimas y tonos de mejorana demuestre saber.

Cantalante
La solista en el canto del tamborito.

Cumbia amanojá
Es la que no se baila en rueda; es cumbia de salón, y la pareja baila como en cualquier baile, semiabrazada…

Danza de Grandiablos
Diablicos, pajarilla, torito, enanas, cucúas, montezumas, mojigangas, parrampanes y zaracundés, son diferentes "danzas de Corpus" con las que se acompaña en Panamá las fiestas populares que siguen a la celebración religiosa del Corpus Christi.

Grito
Fórmula muy especial de la voz que lanza el campesino en las fiestas, en el fragor del trabajo y hasta en la desolación.

Manito
Nombre que se da en Panamá a los nativos del distrito de Ocú.

Mejorana
Tradicional guitarrita campesina, de cinco cuerdas. La música que en ella se toca. El canto de décimas que con ella se acompaña. El baile que se ejecuta con su música.

Pollera
Vestido femenino típico de Panamá, casi siempre premiado en competencias internacionales, por riqueza, vistosidad y belleza.

Saloma
Emisión vocal gutural que, según las variantes, tiene desde un rudimento sonoro hasta una unidad melódica completa; desde un grito o alarido, hasta el remedo de lo que podría llamarse coloratura que combina la voz natural con el falsete, y hasta usa texto. No tiene acompañamiento instrumental; acompaña al campesino en sus faenas, y así, hay saloma de ordeño, de fiestas, de molienda, de vaqueo, de amor… Es compañera en la soledad y en la desolación.

Talco
Labores de mano hechas en la pollera, consistentes en sobrepuestos de colores o blancos.

Tamborito
Baile nacional de Panamá (como dice la copla: "Lo más bonito del mundo/ no hay quien lo pueda negar/ la pollera, el tamborito/ y el Canal de Panamá).

Trembleques
Flores de gusanillo y perlas, o de gusanillo y escamas de peces, con que se adorna la empollerada su cabeza.

Torrente
Melodía de mejorana. Son muchas, según la afinación, y así tenemos el mesano, el gallino, el zapatero, el valdivieso, el poncho, el llanto, el pasitrote, el maría, el ronquina, etc.

Los IX Juegos Centroamericanos y del Caribe en 1970, dejaron para Panamá el beneficio de una buena infraestructura para la práctica de deportes, como el gimnasio Nuevo Panamá y la piscina Patria.

The IX Annual Central American and Caribbean Games in 1970 left Panama with a good infrastructure for all types of sports, such as the Nuevo Panama Gym and the Patria Pool.

Los deportes en Panamá son tan variados como lo es el origen de su población. Fácilmente se encuentra a jóvenes panameños practicando la argolla india, o el fútbol americano, o el soccer o fútbol tradicional. Así mismo hay escenarios adecuados para todo tipo de deportes desde el béisbol, deporte nacional, hasta el golf.

In Panama, the variety of sports is as rich as the origins of her people. For example, on any day you can see the nation's youth playing Indian Ring ("argolla india"), the U.S. favorite of football or the more traditional passtime of soccer. There are also many areas equipped for playing baseball —a national sport—and even golf.

Campos cerca de la capital panameña, en un terreno naturalmente ondulado, se han convertido en excelentes pistas para deportes como el motocross, practicado por centenares de jóvenes. Pero son mucho más numerosos los aficionados a otros deportes como la natación y el ciclismo.

These fields near the Capital of Panama are a naturally hilly terrain that is perfect for sports like motocross, a favorite of thousands. In addition, many also love other activities, such as swimming and cycling.

Considerada "cuna de los mejores jinetes del mundo", el hipódromo Presidente Remón es la meca de una actividad hípica de gran resonancia nacional e internacional. Nombres como los de Icaza, Baeza, Velásquez y Pincay, que han dominado en las más importantes pistas de Norteamérica, se iniciaron en este importante hipódromo nacional.

Considered "the birthplace of the best jockeys in the world", the Presidente Remon Hippodrome is the nationally and internationally renowned mecca of this sport. The names of important figures, such as Icaza, Baeza, Velásquez and Pincay, which have dominated the most important tracks in the U.S., all got their start here.

El aeropuerto de Tocumen, abierto en 1950, remodelado y ampliado en 1977, es punto vital para las comunicaciones internacionales que han tenido en Panamá un sitio estratégico entre el norte, el sur y los territorios insulares del Caribe.

The Tocumen Airport, which was opened in 1950 and was remodeled and expanded in 1977, is a vital point for the international communication that Panama has enjoyed. It is a strategic spot between the North, the South and the Caribbean islands.

La Compañía Panameña de Aviación fue fundada en 1947, y durante algunos años sirvió sólo las rutas domésticas dentro de la República de Panamá. Hoy Copa es una aerolínea internacional que vuela a más de 23 destinos en 17 paises a lo largo del continente americano, con conexiones a México, Estados Unidos, Suramérica, Centroamérica y el Caribe. Al cumplir 50 años de servicios contínuos, opera un moderno y eficiente centro de conexiones en el Aeropuerto Internacional de Tocumen junto a su flota de 10 aviones Jet Boeing 737-200 Advanced

Compañía Panameña de Aviación was founded in 1947 serving at first only domestics routes within the Republic of Panama. Today Copa is a international airline reaching more than 23 destinations in 17 countries, through american continent, offering connections to México, United States, Central America, South America and the Caribbean. Celebrating 50 years on continuos services operates and modern and efficient Hub at the Tocumen International Airport together with its fleet of 10 Jet Boeing 737-200 Advanced airplanes.

Paraíso Ecológico y Turístico del Mundo

Pedro Campagnani

Panamá es un paraíso mundial. Su privilegiada naturaleza le permite concentrar en sus escasos 75.517 kilómetros cuadrados, una inmensa riqueza ecológica que tuvo su origen hace tres millones de años cuando emergió del mar el istmo de Panamá en forma de una franja de tierra que unió las dos masas continentales del norte y del sur. Con el transcurso de los años la flora y la fauna de ambas Américas, que evolucionaron independientemente una de otra, se encontraron en el istmo de Panamá, donde generaron una asombrosa biodiversidad. Desarrollar y preservar esa riqueza ecológica ha sido un factor prioritario de los últimos gobiernos panameños. Más de 1.398 atractivos turísticos, entre playas, manglares, bosques y reliquias naturales, fueron inventariados y clasificados. En 1991, el Instituto Panameño de Turismo (IPAT) y la OEA realizaron el Plan Maestro de Desarrollo Turístico 1993-2002. Este proyecto se le adelantó al futuro al definir políticas e inversiones públicas y privadas para el progreso de las nueve zonas turísticas en las que se dividió el espacio físico del país. Esto permite extender el turismo más allá de Ciudad de Panamá y sus alrededores donde se ha agrupado el 75 por ciento de la oferta y de la planta turística nacional. Y es que el carácter cosmopolita de la capital viene de siglos atrás, cuando el istmo se convirtió en el camino real de América (1542-1855) y se creó la primera línea férrea transcontinental del mundo (1855): el Ferrocarril de Panamá. Luego se acentuó con la terminación del canal interoceánico en 1914, maravillosa obra de ingeniería que hoy reúne a millares de turistas de todo el mundo seducidos por ver el paso de barcos entre lagos y esclusas. Contribuye a este cosmopolitismo la Zona Libre de Colón, el mercado mayorista más grande y barato del hemisferio occidental, y las millonarias transacciones financieras efectuadas en su centro bancario internacional, uno de los más importantes del mundo.

Ciudad de Panamá y Colón acaparan la atención de los turistas, al igual que las islas de Contadora y Taboga debido a su encanto natural. En un día, Ciudad de Panamá ofrece al visitante la posibilidad de disfrutar de las ruinas de la ciudad colonial, saqueada en 1671 por el pirata Morgan; recorrer las calles españolas del Casco Antiguo y observar el rico legado de arte colonial en iglesias como San José y Santo Domingo; el Jardín Botánico y Zoológico de Summit, museos, galerías de arte y centros nocturnos.

Anualmente, más de 84 cruceros de placer atraviesan el Canal. Empresas especializadas de Florida, Estados Unidos, coordinan proyectos para construir terminales

de cruceros en Amador, en el Pacífico, y en Cristóbal, en el Caribe, para transformar a Panamá en un importante paradero de cruceros con 2.000 turistas a bordo. Por otro lado, a sólo 35 minutos en automóvil de Ciudad de Panamá, se encuentra la riqueza ecológica del lago Gatún y los parques nacionales de su entorno, que ofrecen una oportunidad excepcional al creciente ecoturismo internacional. La infraestructura hotelera panameña ha tenido un óptimo crecimiento. Existen 240 establecimientos con 9.679 habitaciones y 30.949 camas, distribuidas en 52 ciudades o parajes. Los hoteles se clasifican en siete categorías, que comprenden desde pequeños hospedajes hasta excelentes establecimientos de cinco estrellas.

El resto del país cuenta con lugares paradisíacos aún inexplorados: islas, montañas, enclaves ecológicos y culturales. Cerca del 29 por ciento del territorio está constituido por áreas silvestres protegidas, en las cuales se halla la mitad de la flora mundial representada en 15.000 especies. En el inventario de avifauna existen 940 especies, que suman más de las que poseen Canadá y Estados Unidos juntos. Panamá cuenta con dos lugares que alcanzaron marcas mundiales en conteos de observación de aves y que se pueden visitar en un solo día: Achiote, en la provincia de Colón, con más de 385 especies, y el camino del oleoducto de Gamboa, con 525. También tiene una considerable diversidad de reptiles, anfibios, mariposas, peces de agua dulce y agua salada, arrecifes coralinos y más de 1.500 especies de árboles. Por eso, en Panamá funciona el Instituto de Investigaciones Tropicales Smithsonian, considerado el principal organismo de investigación de biología tropical.

Los parques nacionales abarcan más de 1,4 millones de hectáreas y ocupan el 17,67 por ciento de la superficie de Panamá. Bosques de niebla habitados por el exótico quetzal y por especies en vías de extinción como el venado de cola blanca, el mono cariblanco y carinegro de las cumbres de Chiriquí; los rápidos selváticos de Bocas del Toro, y las excursiones de interés histórico y científico con trayectos fluviales como los caminos de Balboa y los Escoceses en la selva del Darién, han convertido el ecoturismo panameño en un renglón de escala mundial.

Consciente de este emporio natural, el plan maestro de turismo realizado gracias a la ayuda de la Agencia Japonesa de Cooperación Internacional, contempló un programa para el desarrollo de los recursos costeros y una nueva ley de incentivos a la inversión turística de capital nacional y foráneo. Por lo anterior, el IPAT inició un ambicioso plan de mercadeo fundamentado en investigación, desarrollo de productos y diseño de estrategias para atraer la comunidad internacional. Este trascendental proyecto busca fortalecer el ecoturismo en siete de las nueve zonas turísticas y lograr que la mayor parte del país se beneficie de las ganancias de esta nueva industria nacional.

El IPAT inició el plan maestro con 14,5 millones de dólares, que se repartirán por zonas prefijadas. Cada región debe conocer el programa de su área para integrar los aportes de los sectores gubernamentales y privados. El plan generará una mejor infraestructura de servicios públicos y 75.000 empleos en una década, y se calcula que en 1997 existirán tres o cuatro nuevos hoteles de 400 a 500 habitaciones, que satisfarán el crecimiento turístico del país. Además, el plan maestro hizo una radiografía del patrimonio nacional y definió las alternativas de inversión actual y futura que permitirán a Panamá consolidar en el próximo milenio su posición de paraíso ecológico y turístico del mundo.

El mono cariblanco es una de las especies en vías de extinción que habitan los bosques de Panamá. El águila arpía, símbolo patrio, y la guacamaya, hacen parte de las 920 especies de aves que han sido identificadas en el istmo. La ranita dorada, inofensivo y simpático batracio, es endémico del Valle de Antón.

The white faced monkey is one of the endangered species living in Panama's forests. The harpy eagle, our national symbol, and the macaw are some of the 920 bird species identified within the Isthmus. The small golden frog, a pleasant and harmless bathracian, abounds in the Anton Valley.

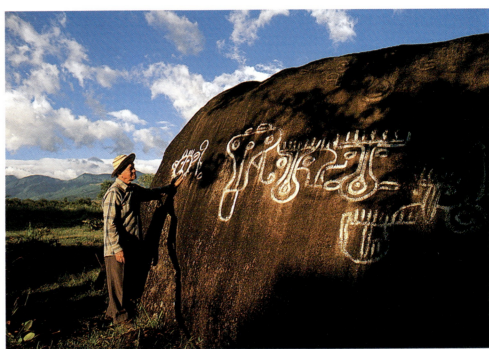

En la bella provincia de Chiriquí se encuentran las montañas más altas del país. Sus misteriosos petroglifos, como éste de Piedra Pintada, en las cercanías de Caldera, atraen al turista. Gracias a sus atractivos naturales, Boquetes es el pueblo preferido por los turistas que visitan la región.

The country's highest mountains lie within beautiful Chiriquí Province. Tourists are attracted by its mysterious petroglyphs, such as this Piedra Pintada carving in the vicinity of Caldera. Boquetes, thanks to its natural wonders, is the town preferred by all tourists visiting the area.

En el Alto Chiriquí abunda el café, y la infraestructura hotelera va en ascenso. Los rápidos selváticos de Bocas del Toro permiten la práctica del rafting. El Salto del Macho es uno de los lugares más admirados del Valle de Antón, donde se consigue una fina artesanía elaborada tradicionalmente por sus pobladores.

Coffee is plentiful in Alto Chiriquí and its hotel facilities are increasing. The Bocas del Toro jungle rapids are ideal for rafting. Macho Waterfall is one of the most admired spots in the Antón Valley. Fine local folk handicrafts may be found here.

A orillas del Océano Pacífico, en medio de paisajes paradisíacos, exóticos pueblos y a sólo una hora de la cosmopolita Ciudad de Panamá se encuentra el espectacular complejo turístico tropical cinco estrellas, Coronado Hotel & Resort. 77 acogedoras suites, le permiten disfrutar de unas vacaciones emocionantes que brindan los paisajes selváticos y maravillosas playas que rodean el hotel. Además de las piscinas, el gimnasio, los deportes acuáticos, el campo de golf, el Coronado Hotel & Resort está en capacidad de atender desde una reunión empresarial hasta una cumbre de presidentes con el prestigioso y exclusivo "servicio de guantes blancos".

On the Pacific Ocean coast, among lush scenery and exotic villages, just an hour's drive from cosmopolitan Panama City, lies the spectacular five star Coronado Hotel & Resort tropical tourist destination. 77 comfortable suites help you enjoy exciting vacations surrounded by jungle scenery and wonderful beaches circling the hotel. In addition to its pools, gym, water sports, golf course, the Coronado Hotel & Resort may accommodate from a company meeting to a Presidents' summit with its prestigious and exclusive "white glove service".

227

Entre los 1.398 lugares de interés ecoturístico, sobresale Barro Colorado, una de las islas del Canal, auténtico tesoro de la biodiversidad del país. La Isla de Contadora, situada en el Pacífico, reúne los grandes atractivos de las islas del Caribe: arena blanca y fina, palmeras batidas por el viento, y el azul marino de sus aguas.

**Barro Colorado Island on the Canal is outstanding among the 1,398 ecotourism spots. It is a biodiversity treasure.
Contadora Island on the Pacific Ocean enjoys all the features of a Caribbean island: fine white sand, swaying palms and crisp blue waters.**

San Fernando es uno de los numerosos vestigios de la arquitectura colonial española, en la fortificada bahía de Portobelo. Reconocido internacionalmente por ser tierra de los kunas, el archipiélago de San Blas posee las playas mejor conservadas del Caribe.

San Fernando is one of the numerous Spanish colonial architectural vestiges on Portobello's fortified bay. San Blas Archipelago, internationally known as the land of the kunas, has the best preserved beaches in the Caribbean.

En las afueras de Ciudad de Panamá está ubicado el Club y Urbanización más completo del área, que brinda a la familia panameña y a los turistas, en un ambiente campestre, todas las comodidades de la vida moderna: El Club además de todas sus facilidades sociales y deportivas posee el centro ecuestre más importante de Centroamérica y en un futuro cercano contará con un campo de golf de 18 hoyos ubicado entre quebradas y montañas. Para complementar los servicios, Hacienda Country Club opera un hotel que lo convertirá en un resort de primera línea, situándose en Panamá como un verdadero paraíso y destino turístico.

The area's most complete club and housing development is located on Panama City's outskirts providing Panamanian folk and visitors with a country ambience enjoying all modern amenities. In addition to its social and sports facilities the Club has Central America's most outstanding equestrian center and shortly shall feature an 18 hole golf course landscaped among brooks and mountains. To support its services the Hacienda Country Club operates a hotel which shall shortly be converted into a top resort, making Panama a true tourist destination and paradise.

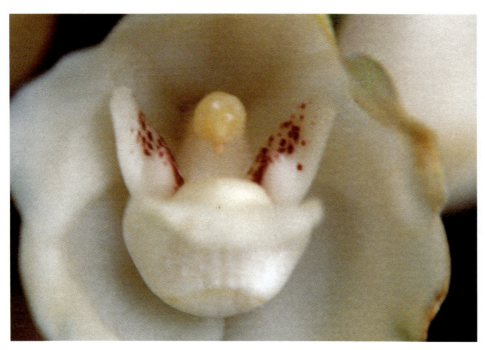

La flor del Espíritu Santo pertenece a una de las varias especies de orquídeas panameñas, y está considerada por su belleza inmaculada como la flor nacional. Los diablicos sucios son símbolos entrañables de las fiestas populares; aquí, una carroza santeña celebra la fiesta patria del 10 de noviembre.

The Holy Spirit Flower is one of Panama's many orchid species and, due to its immaculate beauty, is the national flower. The diablicos sucios are an intimate part of all popular festivals; here, a float from Santos province parades during the national holiday, November 10.

Prologue

Luis H. Moreno Jr.

What you will find upon first opening these pages—in the immortal and severe style of Spaniard Don Miguel—is not just a book, but the intense heartbeat of a nation, the enchantment of her people, their comings and goings, their dreams and the excesses of their "very noble and loyal city", as this site was honorably assessed by King Felipe II. Founded at the dawn of the 16th century, the splendid reality of the Isthmus was located right across from the enchanted Isle of Taboga, "a refuge and haven for both conquerors and pirates, the inspiration and solace of the famous and the artistic alike, such as Gauguin. This was the place where on August 15, 1519, the first city was founded "on the coasts of the Southern Sea", the very same sea that had been discovered only six years earlier by Vasco Núñez de Balboa.

Full robust forests, an abundance of fish and days of hunting for the scaled creatures, swarms of stunning butterflies, any of these phenomena could have been the true origin of the name "Panama". No matter, for centuries, the country has exuded the characteristics represented by these symbols: Panama is wild yet cordial, colorful and cheerful, and generous to the point of self-sacrifice.

It was from her warm beaches that the first fearful expeditions set forth to discover Central and South America, and this was the vantage point for the conquering of the vast Incan Empire. On this marvelous and coveted thin stretch of land, all of the paths of Pristine Hispano-American trade converged to dress up the new urban beauty as the capital of the Castille of Gold ("Castilla del Oro").

The Cruces Road connects Panama City to the famous headquarters of the splendid, opulent fairs of Portobelo; there is also the shorter but more dangerous Gorgona Road and the incredibly serviceable Chagres River. These routes came together since the 16th century to become the dreams of many, the failure of others and the realm of the those who knew how to overcome the many obstacles that made it difficult to open up an inter-ocean waterway.

The story of Scottish cleric William Patterson, the founder of the Bank of England, is moving and admirable. Exactly 300 years ago, he sacrificed security, health and fortune to set up a crucial nucleus of world trade and finances in Panama, displaying a visionary's wisdom in foreseeing Panama's international banking center that has been operating with over one hundred national and foreign banks for a quarter century.

Many times, Panama City was razed through accident or the acts of criminal hands. Just as many times, however, her opulence and activity rose again. Pirate Henry Morgan, for example, put the city under siege until she caved in 1671, when her approximately 7,000 inhabitants took refuge in the better-protected foothills of the Cerro Ancon Mountain, which is where the Casco Viejo Sector is located, now the picturesque San Felipe neighborhood of Panama City. How many moments of invigorating joy and debilitating sadness, how much gumption, struggle and determination, how many challenges and opportunities Panama has lived through! Not only to take advantage of her benefits, but also to defend them from those who, along with her sovereignty or hegemony, have unceasingly attacked the cultural garden of the Panamanian people.

The California Gold Rush revived the city toward the middle of the 19th century, two full centuries after Portobelo. The first inter-oceanic railroad in the world transported 596,331 passengers and over 750 million dollars in gold dust and nuggets as well as gold and silver coins in both directions for 20 years. The hustle and bustle of the city's streets, in her restaurants, in her inns, her stations and taverns, left the mark of activity and a cosmopolitan air on this urban center, where the most diverse customs had to reach a happy medium and learn to coexist to convert Panama City into the veritable melting pot of races and cultures of today.

Few cities have evolved and forged their own personalities in the midst of so many vicissitudes and flashes. The beginning of the production of the Canal by the French, the titanic final construction by the Americans; the risks and threats to the waterway presented by both World Wars with all of the calamities and defense disciplines and pertinent regulations. One of the best examples of the extreme loyalty that can be seen between two harmonious national interests. The city was the constant sleepless witness to the unloading of licensed troops, which invaded her through and through with their smiles and their mission in their backpacks, looking for fun or consolation. "The good neighbor" received them with hospitality, both in the bars and in their homes.

Their last organized presence, nevertheless, was indeed a destructive one. The recovery of law and order cost hundreds of innocent lives, and the disappearance of one of the humble neighborhoods that was most characteristic of the city: el Chorrillo. It was alongside this sector that the powerful and repressive Panamanian Armed Forces had erected their central barracks.

Ankle-deep in the waters of the famous international trenches, Panama City grew almost linearly alongside the five miles that border the old Canal Zone. The city then fanned out helter-skelter over hills and country homes and farms, which slowly transformed into modern neighborhoods of working-class and professional one-family homes and improvised conglomerations that do not seem to go hand-in-hand with civilization. The resulting complicated and ever-growing problem of transportation is far from being solved satisfactorily.

However, between the colonial Paseo de las Bovedas at one end of the walled-in old city and the distant and populous suburbs of San Miguelito and Tocumen, territorial political divisions have already been drawn. Here, there is a whole range of historic content, unstoppable growth, impressive edifications and social development, with all of the good and bad that naturally accompany a metropolis crowned with skyscrapers, bordered by slums and throbbing with doubts and concerns.

The Casco Viejo area is rich in history—its six churches, including the tree-century-old metropolitan cathedral, the almost horizontal Santo Domingo Chato Arch, whose shape and stone masonry are an earthquake-defying proclamation of the expertise of its builders, and was also one of the legendary arguments in favor of constructing the sluices and floodgates in Panama. This is nothing less than a brilliant conglomeration of elements that bear witness to the development of the first city on the Pacific Coast of the Americas, a testimonial to patriotic exploits and political movements, to the artistic expression of different artistic schools, currents and influences. There are the ruins of the first San Javier University; the former Customs House ("Casa de la Aduana")—today's Presidential Palace, Las Garzas; Capitular Hall, where the Simón Bolívar called the Amphictyionic Congress; the old Supreme Court Building; the walkway near the Monument to the French, with its brief history of the Canal engraved in marble; the old Chiriqui Barracks, with a dismal history of executions; the public marketplace; four important squares or plazas, including Independence Square and the popular Santa Ana Square, where you can still here romantic strains; the National Theater; the Governmental Palace; the first central offices of the country's oldest banks: Citibank, the National Bank of Panama, and Chase Manhattan.

Central Avenue, which is the marketplace of the world, is now a pedestrian walk that is flavored with a glut of accents. The impressive railroad station, the headquarters of the Museum to the People of Panama in the 5 de Mayo Plaza ("May 5th Square") to commemorate the unselfish sacrifice of firemen for the public good once split and paralyzed an active stretch of the city was for many years. The Calidonia neighborhood, whose insignia lodging building—the Casa Miller ("Miller House") is long-gone, still shelters the descendants of the laborers brought in from the Antilles to work on the Canal. Other neighborhoods, such as La Exposicion, Bella Vista, La Cresta, El Cangrejo, Paitilla, San Francisco, Altos del Golf, Betania, La Gloria, El Dorado and many, many others, form the ever growing complex of single- and multi-family residences, where your brother is now your nearest neighbor and civil spirit is the motor for ensuring progress.

Medicine is practiced in modern public and private hospitals, yet health care is still not equal for all of Panama's citizens. Education, which has been reformed as needed, shows investment and effort, and there is now a proliferation of universities.

The endless, versatile and ever-changing Via España is the heart of the banking center, and is also the pulse of commerce, industry and recreation. This congested artery overflows with patriotic spirit every November 3, Panama's National Holiday, when it resembles nothing more than the unbounded happiness of Mardi Gras. Once you go by the old settlements of Pueblo Nuevo and Juan Diaz, the city's main avenue gets less crowded, connecting up to the more distant roadways that lead to Tocumen International Airport.

What a marvelous place Panama City is! It has gone from a little fishing village to a renowned cosmopolitan center with happy sailor's and landlubber's soul, free and generous, spontaneous and cheerful. From the swan-filled heart of Panama City, there is still not a culture that can define the nation, but all of us feel proud of her, and we are an integral part of her dreams. We sigh over our country, laugh with her, cry for her and we are prepared to lay down our lives for her.

Writing this Prologue for me is not a chore, it is the opportunity to express emotions, because this city "has fallen apart in my arms", like a lover in Miró's Poema Doloroso ("Painful Poem").

"To you who have everything, what can I possibly offer to win your love?", I one asked passionately. And my beautiful friend answered with tenderness and urgency, "Give me the city". Thank you, Editors of this Book, for making that dream a reality.

History

Jorge Kam Ríos

It is frequently said that Panama's most valuable source is its geographical location; however, we consider its people to have the same value: kind, pleasant and friendly with locals and foreigners; that is why, before talking about its history, we think it is necessary and convenient to explain some geographical topics related to Panama.

According to the Equatorial line and the *zero* meridian, the Panama Isthmus is located in the northern and western hemispheres, and in the so-called Intertropical zone since it is located between the Capricorn and Cancer tropics. Within the continental systems, it is part of the Central American Republics and the isthmic region, being the narrowest space of the American geography.

The Panama Isthmus borders on Colombia by the east and on Costa Rica by the west; it is washed by the Caribbean Sea by the north and by the Pacific Ocean by the south.

This "S" shaped isthmus has an extension of 75.517 squared kilometers (according to satellite calculation) and a total of 1518 islands or rocky isles in front of its shores: Isla de Coiba (the biggest), Isla del Rey, Contadora, Escudo of Veraguas, Isla Colón and Archipelago de Las Mulatas, among others. Thirty percent of the landscape is mainly plain with a few elevations. On the Central Mountain Range we can find the Volcano of Barú with a height of 3475 meters. Geologically, it keeps a close relationship with the Mesoamerican and Antilles regions and according to its geomorphology it has Tertiary formations.

The Republic of Panama, with only two million inhabitants, is divided into 9 provinces: Bocas del Toro, Coclé, Colón, Chiriquí, Darién, Herrera, Los Santos, Panamá and Veraguas, and two indigenous areas: San Blas and Emberá.

But historically, what is Panama?

As the rest of America, Panama exists since remote ages. With the immigration of paleonatives arriving in the American continent from different ways, the American man was created. Regarding the Panama Isthmus, we will name the ancient settlers as *paleonatives* who would later become *Indoamericans*. According to Roberto de La Guardia, the history of these first inhabitants experienced an evolution process which ranges from 11.000 BP until today. De La Guardia says this process consists of eight periods:

– The period zero or *Megafuna Hunters* period. The presence of these first men can be perceived in places like lake Madden, Coca, Manzibir river and Los Zanjones. In this zone, the paleolithic hunters developed a hunting system which led to the total extinction of animals such as the giant bear, the giant armadillo, elephants, mammoths and toxodones.

– During period one or *Proceramic* and period two or *Ceramic* a step forward in culture can be seen. A lithic culture of side-cut-core devices, doble-sided axes, scrapers, choppers, chip knives, anvils and nut crackers. This is transition stage towards the fishing and somehow dependance on river and sea animals. The craftsmen developed a ceramic called *Monagrillo Simple* (rounded, with granular texture, without decoration), later *Monagrillo Inciso* (rounded, polished, decorated, dotted, with incisive lines) and *Monagrillo Rojo* (similar to monagrillo simple but decorated with red paint in the outside and with geometric designs).

– During period three or *Farmers* and period four or *Sculptors* or *Slavery Supporters* the evolution of the first inhabitants of the Panama Isthmus towards the formation of population centers can be seen. The sedentary life, the farming of corn, creole beans, palm products and probably avocato, along with the artistic-craft development were given a great importance during the so-called *Barriles* culture when local sculptors showed their skills in making figures with stands, stone cut barrels, statues with conical hats and the famous *metates*.

– Period five or *Goldsmith* and period six or *Priests* have as their most remarkable historical and archeological sites the *Sitio Conte* and *El Caño* (this is the only *in situ* and in open air museum in the Republic of Panama). Collectors and researchers were astonished by the wide variety of golden works found at Sitio Conde, such as helmets, chest protectors, patens, earrings, necklaces, bracelets, etc., made out of "sun sweat".

El Caño still has the silhouettes of what once was a ceremony site; its basalt columns and the treasures removed in the name of science, await to be rescued from the North American museums.

– Period eight or *Contact-Chieftainship* demonstrates the organization of the politic life in Chieftainship. According to Marcela Arosemena, this chieftainship spreaded from coast to coast and "missing goods were exchanged and alliances were made in order to keep the chieftainship hegemony". During this period, settlers from the Iberic Peninsula arrived in the continent.

The descendants of this hunters, ceramists, craftsmen and sculptors are the Indians of Panama. Although these have dissapeared, a great number of ethnic groups still survive:

- *Gnobes* and *Bugleres*, better known as *Guaymíes*. Located in the provinces of Chiriquí, Bocas del Toro and Veraguas. This area is named by them as *Doboteme*. They develop polygynaecal structures; games as *krung-kita*; religious cults as *Mama-chí*; ritual as *Güoro Mindi;* and ceremonial celebrations as the *party of the thunder.*

- *Emberáes* and *Uaunanes* known as *Chocoes*. Located next to border with Colombia, this group inhabits the province of Darién or *Emberá* or *Taitrua*. Here, they have monogamic structures; they are also supported by the *Sanhwares* and *Nokoes*, and practice the *Chaman* led by the *Jaibaná* a medicine man who heals through the singing of the night, and spiritual and natural therapies.

- *Dules* or *Kunas* located in *Kuna-Yala, Alto Tuira-Chucunaque* and *Madugandí*. This is may be the best studied indigenous group of Panama, due to their famous pieces of craftsmanship known as *Mola*; the *Icco Inna* or neddle chicha, the *Inna Suit* or large chicha, the *Serkú-et* or ritual for girls approaching puberty; the *Inna Mutiki* or night or puberty chicha; the *Ome Nikúet* or marriage ceremony; their social and comunitary organization, and their gods-the unity of the ethnic group. The *Dules* are the people of Paba and Nana (creation gods), of *Ibeorgún* (kind of Prometheus) and of *Nelegan* who foretold flooding, earthquakes and the arrival of Spaniards.

This communities were in contact with the second immigration group to Panama in 1501 when part of the Caribbean geography was being visited by Rodrigo Galván de Bastidas and later in 1502 by Christopher Columbus who named some places and geographical of the Panamanian north: Bocas del Toro, Veragua, Almirante, Puerto Escribano, Puerto Bello, Santamaría de Belén, among others.

Upon the creation of the first city in terra firma in 1510: Santa María la Antigua del Darién, Panama began a new period. The first mayors of this city were Vasco Núñez de Balboa and Martín de Zamudio. On September 1513, Santa María became the launching point for the expeditions that told Europe the existence of the South Sea, the Central America land and the ending for the Incas Empire.

But still, the most significant event for the Isthmus was the fundation of the city of Panama and the ordering of this city as Nombre de Dios on August 15, 1519, thus outlining the transisthmic route. However, the need for safer and more definable ports led to the fundation of one the most important and flourishing cities of the Caribbean littoral: Portobelo, the city of fortresses —San Felipe, San Jerónimo, Santiago de la Gloria, San Cristóbal, San Fernando and San Fernandito Castles; Triana and Perú Forts. Portobelo is the owner of the famous customs, the renowned Fair; the city besieged by pirates and privateers as Francis Drake and Henry Morgan — he who captured what we know today as Panamá la Vieja in 1671.

The capture of Panama by Morgan the pirate in February 1673, caused the movement of the city to its present location, and left a turistic spot known as the Casco Viejo where we can find the church of La Merced (1680), the city ramparts or what is left of them, the Baluarte de Jesús (1790), the church of San José (1677), the Recollet Augustinians where the Golden Altar lies after being recovered from the destruction caused by the pirates in the old Panama, the Convento de la Compañía de Jesús where the first university was open in 1744 by the Jesuits, the Plaza de la Independencia or Plaza Mayor (1675) and the Iglesia Catedral which was originally built of wood and later in 1688 rebuilt with solid materials; however its construction took 106 years.

The link with Spain lasted three hundred and twenty years. During these three centuries the local Hispanoamerican culture was adapted and shaped according to its uses: religion, language and the social and political institutions.

Despite of being named as Ciudad Fiel by Spain, on November 28, 1821, during the troubled days of the American Independence Wars, the Panama Isthmus declared itself independent from the colonial pact with the Mother Land. This was the independence of the Isthmus and the incorporation to the Nueva Granada.

According to the witnesses of the period, the image of Bolivar inspired Panamanians to declare the union of the Isthmus to the Gran Colombia, when it was part of the Nueva Granada known as Departamento del Istmo. The relationship with the Republic of Colombia lasted for eighty two years until November 1903. Panamanians experienced two separations (one led by José Domingo Espinar in 1830, and another by the Venezuelan Juan Eligio Alzuru in 1831); a short lasting Republic (the Free State of the Isthmus: 1840-1841 led by General Tomás Herrera); a sovereign authonomy (the Federal State of Panama, promoted by Justo Arosemena 1855-1885); it took part in a bloody civil war (the Thousand Days War), until the total separation in 1903.

However, when the isthmus was still Colombian, the dreams for uniting the Caribbean with the Pacific stopped being dreams to turn into studies, treaties, agreements which led to the Panama Canal of today. In 1849, Colombia granted a concession for the construction of the first World Transcontinental Railway, opened in 1855. Also, the concession to the French Government for the construction of the channel started during the eighties in the 19th century which was a complete failure althoug the work was being supervised by the great french Ferdinand de Lesseps. On November 3, 1903, the leaders of the moment decided to stop being Colombia's "chicken's neck" as Eduardo Lemaitre called the isthmus, and started the way towards the total sovereignty.

Thus, the Republic of Panama is created and the relationships with the United States are established right after the Caribbean War against Spain; and so the age of the dollar diplomacy, of the Wilsonian moralism, of the good neighbor, of the Alliance for the Development and of the human rights begins.

The history of Panama in this century can be divided in three important stages:

- As a partner of the United States in the construction of the channel —*pro mundo* benefit— for the world's trade service. Such relationship is ended due to the North American influence in Panama's politics. This event begins on January 9, 1964 —changing the perspective of the relationships between Panama and the United States— and finishes with the treaties Torrijos-Carter in 1977.

- The creation of the Free Trade Zone of Colon by president Enrique A. Jiménez in 1948. This structure allows the Republic of Panama to lend once more its geographical position to the service of the world's trading activity. The isthmus achieves a strong economical development due to the use of the Panamanian currency —the Balboa— and the North American dollar.

- Under the military government of brigadier Omar Torrijos Herrera the economic development is restrained due to the emergence of the banking system and the regulations for societies, thus turning Panama into the American Switzerland. However, on December 20, 1989, North America invades Panama in order to arrest general Noriega.

Nevertheless, since the invation until today, Panama has fought its way through in order to recover the peace, justice and liberty needed to welcome its sons and visitors with a multiform hug, because… *This is Panama*.

Economy
Guillermo Chapman

Panama's geographical location has been a determining factor of its social and economical development. The country is located in the eastern part of the isthmus which joins the north and south of the American continent, and it is the middle point between the European and Asian markets.

Panama once was an important trade center between Spain and the new American land until the last days of the well known Portobelo Fair. During the 19th century, after its separation from the Crown, the trade center became more important due to the construction of the Transisthmic Railway which carried goods and people between the two northern coasts of the continent. At the beginning of this century, another infrastructure work laid the ground for the economical structure of the country: the Interoceanic Channel.

Another important event and worth mentioning which took place at the beginning of the 20th century and which helped improve what we know today as our "exportation economy" was the Monetary Agreement of 1904 signed by the Panamanian and North American authorities in order to guarantee the free and efficient circulation of the United States Dollar in the national territory.

From this moment on, the income resulting from the channel activities as well as the one coming from the trade international transportation, can enter the country free of restrictions, inspection or limitations. Companies or individuals can freely expatriate such income without having to get and administrative permission.

According to analysts, the hyperinflations that took place during the last third of the last century as a result of the financing of civil wars in Colombia —country which Panama belonged to by then— made the different constitutions of the new Republic of Panama forbid the issuing of banknotes without an appropiate backing.

According to the provisions of 1904's Constitution "there will not be banknotes of obligatory circulation", meaning that any individual can reject any bill or document that might not seem reliable regardless of its personal or official origin".

The Constitution in force of 1972 states in Act 259 that "there will not be banknotes of obligatory circulation in the Republic".

The previous statement means that the risks for autonomous inflation and the national monetary depreciation in relation to the North American Dollar do not exist. Such conditions help us understand the national macroeconomic environment which has meant significant efforts and sacrifices in other developing countries. As an example, let us take a look at the inflation rate in Panama which has been one of the lowest in the world during the last decade. In 1995, the cost of living index increased only a 0,9% and in 1996 we estimate it to be around 1,3%. This gives us a good explanation of the composition of the national production, messured by its Gross National Product (PIB-Producto Interno Bruto). Seventy percent of this production comes from the service activities: the Channel, the Free Trade Zone of Colon, the Banking, the Transisthmic Pipeline and the professional services related to the external sector. The manufacturing industry represents a 9% of the production and the agriculture an 8%, half of which comes from the exportation of bananas, sugar cane and cattle raising.

The Present Situation

However, a stable economy is not enough to grow steadily. The production growth requires the efficient use of labor, phisical capital and land. According to other countries experience, such goal can only be achieved if social and economical policies are adopted in order to place these limited sources in those activities in which they can be more profitable. And this is not an easy task. Many of the Panamanian laws in force keep these sources from being allocated. Particularly, the high growth of production does not necessarily reduce unemployment. The following chart shows the average annual growth of the Gross National Product during the last decades:

1951 - 1960	4,0%
1960 - 1969	7,7%
1970 - 1979	3,8%
1980 - 1989	2,1%
1990 - 1995	5,5%

The unemployment rates during the last decades have been as follows:

1972 - 1979	7,3%
1982 - 1989	11,9%
1991 - 1995	14,2%

If we add to this rate what we know as underemployment, we would have an idea of the great loss of material richness that every year the country faces as a result of not appreciating the available labor.

However, the present view is much more optimistic that the figures. After two years of severe economical crisis (1989-1990) when the production lowered down to 16%, the external credit was closed for the Government and the country, the banking system stopped functioning for a while and the basic institutions of the market economy were threatened, the Panamerican society—government and private sector— have managed to reestablish the foundations for the growth.

The return of national capital flown during the crisis has been completed with a significant flow of fresh foreign capital. A thousand million a year have been estimated as the financial sources entering the country from 1990 until 1994. This has allowed a gross increase of the internal bank credit in 550 million dollars a year which has specifically benefited the building of housing, the granting of mortgage and the financing of external trade.

Perspectives for the National Economy
A new government was installed in 1994 elected after exemplary elections. The authorities will have to define strategies in order to take the greatest advantage of the 147,000 hectares of land bordering the Channel —which include North American military and civil facilities that have settled down in Panama due to the binational treaties of 1977. This process was accelerated in 1995 and will continue on even more until year 2000. By the way, at the end of this year Panama will be given back the facilities of the Channel by the North American Government. Most of the present employees are Panamanians, so no transfer problems can be foreseen in this respect. Besides, if the United States Senate approves some reforms to the organization of the present Channel Commission —as a result of a study carried out for such purpose— the transfer process of the channel assets will be more efficient.

At the same time, Panama will have to guide economics to strengthen its historical advantages and to solve in time the difficulties that arise from the natural exhaustion of its traditional sectors. For this reason, it is necessary to accomplish the following tasks in the short run:

1. To become a member of the international trade agreement, known as GATT and to put into practice, within a reasonable period, the commitments acquired by the membership, such as reduction in import duties, the adoption of a maximum import duty policy, the abolishment of non-import duty obstacles actually existing for international trading, and the inforcement of other non-discriminatory laws within the exchange of goods and services.

Once this is achieved, the cost of many imported goods can be lowered and the use of national sources towards the exportation sectors will be favored. In october 1996 the Adhesion Protocol (support - agreement) was approved by the General Council of the OMC and it is expected to be approved by the Legislative Assembly in the first months of 1997.

2. To look forward to trading with wide markets, regarding the regional integration through an immediate and systematic examination of the most convenient choice which will include the feasibility and strategy to enter the North American Free Trade Treaty (TLC). The new economic authorities have stated their good will to achieve this subject.

3. To promote tourism as an income generation source which replaces, at least partially, the sources of external income that will gradually disappear as the North American military forces leave the national territory. Certain zones have been defined for this purpose, many of which are military areas given back to Panama by the United States. A new Tourism Act, recently approved, establishes the generous incentives to investors wishing to try this activity.

4. To adopt a national conciousness regarding the use of returned areas and the ones to be returned in the near future. In the past, this was conditioned by the narrowminded interpretation of the National Laws. In 1991, the *Autoridad de la Región Interoceánica -ARI* (Interoceanic Region Authority) was created as a State Entity, but independent, which is responsible for designing strategies for the economical use of this vast sources. There is an evident national agreement regarding the improvement of some elements of this organization, but there is also an obvious will to accelerate the process of good granting, according to the treasury law in force, in order to encourage the national and foreign private investment in this new territory.

Panama faces the new century with great enthusiasm and possibilities: the Channel, the surrounding land, the available assets for its development and a qualified labor force. It is mandatory to adapt the public policies to this perspective in order to allow the foreseen growth to cover wider social strata.

International Banking Center
Nicolás Ardito Barletta

The modern center of the city of Panama has plenty of national and foreign bank towers and offices. With offices on the first floor, banks are the most outstanding expression of Panama's International Financial Center. The Banking place located in the country consists of more than 108 Panamanian and international banks, among which we can find the most prestigious and largest ones from North America, Japan, Europe and Latin America.

Due to its strategic geographical position developed with the Interoceanic Channel and other transportation and communication means, the Panamanian economy is formed, in a high percentage, by international, commercial, professional, transportation, insurance, tourism and banking services. The Banking Center not only represents a dynamic international economic activity but a significant complement for the exportation activities of Panamanian services as well. Thus, the Free Trade Area of Colon — second largest in the world and with re-exports to Latin America— strengthens and activates itself with the support of the international banking settled in the country, and also grows and diversifies with the activity of the Free Trade Area.

The Banking Center is supervised and ruled by the National Banking Committee, the public entity which grants banking licenses and supervises the system. There are 63 banks with a general license which enables them to do bank business inside and outside Panama; 28 banks with international license which do business from their country of origin, and 19 with representation license which can only be representatives without doing business in the country.

With financial assets of $33,000 millions, the Banking Center does business with the rest of the world, operating in the Latin American zone. The regional and sub-regional offices handle several transactions with depositors and borrowers from nearly every country in Latin America and the Caribbean. In 1982, right before the Latin American financial crisis, the Center achieved assets up to $49,000 millions. The region crisis lowered the amount to less than $37,000 millions in 1984, and during the two-stage crisis of the national politics in 1989 the figure was $15,000 millions. During the last two years, the political and democratic stability has contributed to the banking recovery.

Facing a new economical horizon in the region, the center begins to diversify a variety of international services for its customers.

The creation of the International Banking Center of Panama has been affected by several factors determined by the monetary and tributary system of the country since its origin and by other aspects of the banking legislation of 1970. Since the very beginning, Panama has operated without its own central issuing bank keeping parity between the Balboa —the national currency— and the Dollar, and allowing the free circulation of the US currency in a financial system open to international transactions, and with a tributary system which does not tax the profits of the Panamanian companies abroad. These items turn the country into a very attractive place for international business. Within the banking activity, the Act of 1970 takes advantage of such conditions establishing a legal setting which encourages and regulates the creation of an international banking center in Panama under the supervision of the National Banking Commission. This policy has a remarkable success for the country due to the "Eurodollar Market" meaning the great quantity of dollars that have entered the international system since the late sixties.

Panama has been favored by the banking center in many ways. As an exportation service it adds currency to the economy, and employments created by the direct or indirect activity of the international banking. As a financial center, it links Panama to international financial centers which hand down liquidity to finance local business. As a banking center it completes all the international economical activities of the country, such as the Free Trade Zone, becoming more competitive and efficient.

From the banking center of Panama a great deal of the Latin American exportation activity is financed. Created by Panamanian initiative, the Banco Latinoamericano de Exportaciones - BLADEX (Latin American Bank of Exportations) located in Panama and owned by central, state and private banks from the Latin American region, and also by the main extraregional banks and international shareholders, is a significant support for the financing of the international trade of Latin American countries. In addition, most of the banks located in Panama take part in the financing of the international trade of the region.

The growth of the banking center in the last 24 years has encouraged the creation of many Panamanian banks which at present finance most of the bank operations of the local economy of Panama and which have begun a successful participation in the international banking activity. Eighteen banks with Panamanian capital diversify their operation and assist the activities from the sectors of the Panamanian economy.

The private banking activity is completed with some state banks which play an important role in the State finance handling, in development banking for the industrial and agricultural production, and in mortgage banking to increase the construction of housing. The Banco Nacional de Panamá is the second biggest after the BLADEX, and the first in the national banking activity. Besides being the trustee of the State Finance, it is a commercial credit bank, a development bank, and the administrator of the Interbanking Clearinghouse for the local banks. The Caja de Ahorros (savings bank) is a state bank which administrates the savings of thousands of Panamanians towards the construction of housing for families with medium and low income.

The National Banking Committee has managed —with a strict policy— the granting of bank licenses and the performance of the banking system. However, during the last decade it has been said that in Panama as well as in Miami and other banking centers a "money laundry" takes place; money that comes from drug smuggling. Panama, through the National Government and the Bank Association (private entity) has made a remarkable effort to control this injurious distortion of the banking system of the country. The Association which represents all the banks in the country approved a *Good Behaviour Code* to self-guard the system which is applied to its members. The National Government has taken actions (such as the closing of the First Interamerican Bank in 1985), restrictions on cash deposits; it has signed a Mutual Legal Assistance Treaty with the United States (similar to the one signed with Mexico, Spain, Switzerland, Bahamas and Cayman) and has intensified the banking supervision in order to control such illicit events and other misuses that might harm the right performance of the banking center. But still the task is hard and complex and continuous efforts are made to avoid the use of the banking system for such purposes. Thus, Panama cooperates with all the international control systems to fight this modern society cancer.

The International Banking Center of Panama benefits the national economy and gives a valuable service to the Latin American region and to the rest of the world. The simple but severe rules have encouraged an environment for this activity to complete the Panamanian transportation and services economy. The permanent challenge for Panama is to keep a freedom and opening environment for business to succeed, and to put into practice the rules and controls to avoid the illicit business and the corruption of the system. With a national effort, Panama will always win the battle.

Canal of Panama
Gilberto Guardia

No analysis of Panama is complete without a look at the Canal. A little understanding of its history and operation also provides an opportunity to learn more about a very important part of our country.

Four centuries back in our history, the discovery by Vasco Nuñez de Balboa in 1513 of an ocean to the south after crossing the Isthmus of Darien on the eastern region of Panama, strengthened the hope of finding a water passage between the Atlantic and the Pacific. There still was no Canal by the mid 19th century, but there was already an important and growing trade activity through the Isthmus of Panama that brought the construction of a Transisthmian railroad completed in 1855, the first transcontinental railroad in the Americas.

The idea of building a Canal through Panama continued to germinate at various political, professional, and scientific spheres. In 1880 the French, led by Count Ferdinand de Lesseps who had recently built the Suez Canal in Egypt, started the construction of a sea level canal through Panama. The French enterprise soon met with great difficulties, mainly because of the large swells of the untamed Chagres River and the effects of malaria and yellow fever. By the end of the century this effort by Count de Lesseps finally failed with the bankruptcy of the French Canal company.

Panama broke off from the Republic of Colombia on November 3, 1903, and the new Isthmian country signed a treaty with the United States of America for the construction of a Canal through Panamanian territory. This treaty also granted to the United States the control of a strip of land, subsequently called the Canal Zone, on both sides of the waterway. The United States started its construction work in 1904. Yet two years later, in 1906, an important decision was made to build a lock instead of a sea level canal, as the French had attempted. The scheme adopted consisted in damming the Chagres River and creating a giant artificial lake 25 meters above sea level. Ships would be raised with locks from the Atlantic to the lake, and would sail it up to the Continental Divide. There a great excavation work would take place to build a raised canal of approximately 13 kilometers long and allow the transit of ships to another set of locks that would lower them to he Pacific Ocean. This model would not only minimize the volume of the excavation required, but would provide a means to control the swelling of the Chagres River and store the water required for the operation of the locks by using the force of gravity instead of an expensive and complicated pump system.

Despite some initial difficulties, this great engineering feat was carried out successfully, and on August 15, 1914, the Panama Canal opened its gates to the transit of ships of all the world and international trade.

The administration and operation of the Canal, including its Canal area did not experience major changes for more than sixty years until september 7, 1977, when the United States of America and the Republic of Panama signed a new treaty that entered into force on october 1979. It was agreed that the Canal Zone would disappear in 1979 as a territory administered by the United States, and that the Canal would continue under U.S. administration for twenty years more and then be transferred to the Republic of Panama at noon on December 31, 1999.

As a result of the new treaty, a new agency called the Panama Canal Commission was established, in charge of administering the waterway until the agreements expire in 1999. Also, an important point in this treaty was the recognition by the United States and Panama that Panamanians would participate increasingly in all the areas of operation of the Canal. As a result of this, the Canal work force is now 90% Panamanian, and these employees occupy positions of great responsibility at the highest levels.

Two important aspects that were not affected by the new treaties and have always been a source of pride for the Canal enterprise were the Canal maintenance and improvement programs. Since the entry into force of the new Canal agreements in 1979, the Panama Canal Commission has invested directly more than $1 billion in the maintenance and modernization of the Canal. Thanks to this, the Canal remains to date a well designed, modern installation in excellent operating condition, that continues to provide an efficient transit service at a competitive cost. With a well-planned improvement program, the Canal is kept up to date to meet the changing demands of world trade and the latest technological advances. All of this guarantees that the Canal will continue operating efficiently, safely, and effectively for many more years to come, to provide a valuable service to international trade.

With a Canal in optimum condition and a highly skilled work force, the Government of Panama and the Panamanian people have pledged their word to guarantee that the Canal will continue operating uninterruptedly and without fail in its service to world shipping well beyond the year 2000.

Panama's Interoceanic Area and the Transferred Former Canal Zone

Nicolás Ardito Barleta

Prior to the Torrijos-Carter 1979 Treaty the former Canal Zone covered an 8 km strip between the Atlantic and Pacific Oceans on both sides of the waterway, including Gatún Lake. A total of 1,280 Km^2 was under United States jurisdiction used for the operation, maintenance and defense of the Panama Canal. As a result, virtually no Panamanian urban or business development took place within these areas; only United States Canal related civic and military facilities were built. Panama City and Colon grew along the Canal Zone in different fashions or as urban areas generally grow. Pursuant to Canal treaties this situation began to gradually change in 1979 with the transfer of the first 110,000 hectares, later the progressive return to Panama of other Canal Zone territory, except for the strip required for Canal operation, a few small administrative enclaves and the most constructed areas which are within the United States military bases. During the final 1995 phase the Atlantic side Fort Davis and Fort Espinar bases were delivered, Fort Amador, on the Pacific Canal entry, in 1996; Albrook shall be delivered in 1997 and so on until December 31, 1999 when the Treaty procedures and the remaining bases, and the Canal itself, revert to Panama.

The most valuable parts shall be handed over to Panama during the next few years covering over 7,000 United States military base facilities which have supported the defense of the Canal. These include ports, airports, houses, office buildings, warehouses, hospitals, schools, sport areas with golf, tennis and olympic pool installations, ample road infrastructure, water, sewage, power and telephone utilities. The Canal and the reverted areas, particularly the port facilities, are Panama's major link with world trade and with the international markets. Also, Panama City and Colón future prime urban expansion areas are there; Gatún Lake, which furnishes water to the Canal, and its basin are also within these areas. This is where contact is made with the tropical biodiversity surrounding the Lake, one of the lushest in the Western Hemisphere.

Panama created the Interoceanic Region Authority (ARI) in 1993 with the responsibility for the receipt, maintenance and security of these assets. Its responsibilities also include asset planning and incorporation into the national development process and delivery of all returns to the Social Development Trust Fund managed by the National Government for use in infrastructure and social developments benefiting all Panamanians. All this shall be pursued as per the soil use scientific plan on the basis of five main criteria categories for incorporation of territory and assets into national development: a) economic, use of assets to generate exports, jobs and utilization of local raw materials; b) social, create as much well-being as possible for the greatest part of the population; c) urban, incorporate assets into city urban developments to improve their functionality, environment and esthetics; d) environmental, to protect the rich biodiversity and the Canal hydro-basin to achieve sustainable development; e) Canal, to protect the Canal's efficient operation as well as its passage into the XXI Century to address the increasing needs of international trade. With the support of the population in general, of trade organizations and of institutions, of the National Government and of international groups and organizations, API has defined a development strategy for the reverted areas, it has designed plans for their use, it has opened its detailed records and is factoring them into the country's development.

The Transit Zone between Panama City, Colón, La Chorrera and the Panama Canal covers 60% of the country's population, 80% of its National Product and 75% of exports. A country such as Panama with a small domestic economy needs to increase and diversify its exports to widen its markets, improve its productivity, speed up economic growth and improve its population's well-being. In order to contribute to this objective, the strategy for use of the re-

verted areas, from an economic point of view, includes the motivation of export and job generating activities via the encouragement of local and international private investment.

Panama has invited local and international investors to take advantage of international market opportunities generated by the crossing of 14,000 whips per year, supporting maritime, commercial, tourism, communications and other services to the Western Hemisphere and to other parts of the world. A vast array of businesses in these areas may currently benefit and complement with the direct operation of the Canal, the Colón Free Zone and the Banking Center in Panama, enhanced by the now direct access to the Canal areas.

The country's development strategy, its new economic policy, the streamlining of its administration, the professional and technical training of its people and its historical vocation allow it to consolidate these opportunities, contributing to the integration of the Americas and to increased world trade.

Right at the closing of this free trade and global market millennium, Panama offers exceptional opportunities to make the XXI Century an era of peace, progress and understanding among people and continents, encouraging business, economical and cultural exchanges for humanity's benefit.

The Great Colón Free Trade Zone

Victoria H. Figge

The Colón Free Zone is the only one in the world with access to two oceans (Pacific and Atlantic): a strong banking center and an Interoceanic canal, the Panama Canal, considered as one of the seven wonders of the world.

About 1,600 companies currently operate in the Colón Free Trade Zone. This is not only the biggest in the world, but also the best located geographically and, as such, the one having the fastest and most efficient distribution systems in the world.

At the Colón Free Trade Zone investors and firms may enjoy tax benefits such as:

- 0% income tax.
- Production, import and export sales tax exemption.
- Foreign income tax exemption.
- Preferential income tax exemption.

Development potential

After World War Two, and considering Colón's situation at that time, several Colón businessmen suggested the creation of the Free Zone to President Enrique A. Jiménez for creation of jobs on strategic Manzanillo Island on the Atlantic side Canal entrance.

That is why during Jiménez's terms the Colón Free Trade Zone was created via Decree Law number 18 of June 17, 1948, becoming one of the most important state agencies in Panama due to its progress and reputation.

Today more than 1,600 companies operate there and hundreds more are represented doing 10 billion dollars worth of business annually. Its most important markets are Colombia, Venezuela and, of course, Central and South America and the Caribbean.

But, after 48 years of its founding, the zone still enjoys potential development: North-South, East-West, and vice versa, trade. Up to now focus has been on North-South trade. This is why management is encouraging trade between Caribbean, Central and South American markets and the rest of the world.

The goods stored in the Zone are sourced mainly from the Far East, Europe and the United States. Its geographic position on the banks of the Panama Canal contributes to its faster distribution.

Not only is the Colón Free Trade Zone the largest free trade zone in the world, but it also holds the world's most important industries which cover a whole range of products from cigarettes, liquors, perfumes, household products to medicines, cars and industrial equipment.

Due to the high demand from companies appreciating not only the Free Zone's advantages but also its facilities, refills are being undertaken in the Manzanillo Bay at unprecedented speed in order to expand space.

At the Free Zones firms may import free of custom duties or quotas and with an absolute minimum of tax or government restrictions. Bulk imports from the Far East and from the United States are frequently re-exported to Latin America. Zone data reflects a 28% annual growth for recent years. Its potential consumer markets cover 525 million from the Caribbean and Latin America.

Its unrivaled location, proximity to the Pacific Tigers, closeness to North America and relative nearness to Europe makes it an ideal trade free zone and a future international redistribution center. In this sense, and in light of the world economy's globalization and the many regional trade agreements, its objective is to stage all American Hemisphere products for sale to other markets, and products from other markets for hemispheric distribution considering that, pursuant to the 1994 Miami Summit, by the year 2005 this Hemisphere shall be a Free Trade Area. Work is underway for construction of storage, port, airport and multimodal facilities.

Advantages for buyers

The Colón Free Zone's unequaled location allows easy access by Central and South American, and Caribbean and other world area business people (in excess of 250,000 per year) thanks to plenty of flights arriving from many other parts to Panama City. An hour and half drive, or a 15 minute flight, will take buyers into the Zone upon passport presentation at the Pass Department.

There they will find a vast array of products which may be purchased at different stores and consolidated at the one selected by the buyer for packing and shipping by hand, air or sea to final destination.

The Free Zone also has international and local banks providing client credit facilities. The US dollar is legal tender in the whole country which is why there are no monetary restrictions or controls.

The Colón Free Trade Zone is an independent government agency efficiently managing the facilities with a staff of 500 including security personnel, lawyers, architects, accountants and other professionals using private enterprise to support Panama's most successful organization.

Colón Free Trade Zone profile

- Located at the entrance of the Panama Canal's Atlantic Sector, the Colón Free Trade Zone has 400 hectares.
- 0% income tax.
- Any corporation or individual, regardless of nationality, may operate from the Colón Canal Free Trade Zone via a request to the Administration and business and bank references, including a government release (government tax clearance).
- No business license or minimum equity is required.
- The only conditions are that at least 5 Panama nationals be hired and that it re-export 60% of its business as a minimum.

- Companies may rent space or build own facilities.
- To open up in the Zone a private space under an operation contract may be rented. This rental may be through the Administration or through a private company; rent a lot for 20 years and built its own facilities under a lot rental contract; through representation by an established company under a representation contract; or under a product public storage system.
- Operation costs are among the lowest of the free trade zones in the Western Hemisphere.
- Last delivery has been one of the Zone's key success factors. Clients save weeks and even months in delivery time for the following reasons: goods are already in the continent and not subject to manufacturing quotas and freight from the other half of the world; the Free Zone companies are supported by a minimal administrative staff able to streamline paperwork required by destination market countries and to ship in record time; the transportation network from Panama to all parts of Latin America and the Caribbean is tops.
- Companies must pay an annual 200 dollars license fee.
- It handles imports and re-exports worth 11 billion dollars per year.
- Creates about 14,000 jobs.
- Main imports are from Hong-Kong, Japan and the United States.
- Re-exports are basically to Colombia, Ecuador and other Central and South American countries.
- During 1995, 15.9 million dollars of construction was undertaken within the area.
- The Zone generated 368.4 million in bank deposits out of a country total of 6,511 billion.
- Bank credits provided to Zone companies totaled 725 million dollars.

Cultural Scenery

Alfredo Figueroa Navarro

Considering the indigenous inhabitants of Panama as the 10% of the total population —second in Central America after Guatemala—, it is convenient to state that there are several indigenous groups (chocoes, kunas, guaymíes, teribes, bokotas, bri-bri, etc.) with particular cultures, which communicate with the rest of human groups in the Republic. Through the mestization, started in the 16th century, the indigenous groups are one of the determining elements of the Panamanian nationality. It is important to quote that originally the Kunas and Chocoes came from Colombia, even though they might have actually come from Brazil, Venezuela and Ecuador.

Before the Spanish Conquest, the society was formed by different chieftainships and could not achive a state entity such as the Mayans, the Aztecs and the Incas. Among the most important chieftainships, we can mention the ones at he central provinces; although the central isthmus did not include more than half of the native population of today.

The native contribution to the Panamanian culture can be seen through civilization features that range —besides the genetics— from the culinary art to the material culture and the way of being that comes from our most remote past.

The Spanish Contribution

From 1501, the Panama Isthmus is influenced by the Spaniards arriving as conquerors and colonizers. The peninsular contribution was mainly Andalusian, Extremaduran and Castilian. During the 18th century, the Basque, Navarrese, Santanderian and Catalan hegemony changes the scene. In the old city of Panama —funded in 1519, on the banks of the Pacific Ocean, the first colonial large city established in the South Sea— there was a 22% of white population at the beginning of the 17th century. It was a transitory and floating conglomerate eager to pile up fortune and settle in Lima or return to Spain. Since the origins of Conquest, the Spanish man goes across the Isthmus funding villages, shantytowns, towns and cities through the territory of the Republic of Panama, such as Villa de Los Santos, Santiago de Veraguas, Penonomé and Remedios. At the beginning, it was believed that precious metals could be found there, and for a while the gold-bearing sites of Conception and North Veraguas were exploited during the 16th century. However, the isthmus did not turn out to be a mining source as Mexico or Colombia. This explains the poverty and little development of the cities of the interior which only took up agriculture and little mining and industrial activities.

Through the economical, political, social and religious institutions, Spain and its men strongly influenced the Panama of today. As we mentioned before, in the central isthmus the 22% of the urban population was white, the 60% came from Africa, the native group was minimum and the mixture of the three races incipient.

At the end of the 18th century, the Spanish group of the city of Panama had only established contact with the 12%, the rest percentage consisted of mulattos, meaning the mixing of whites and Africans. The Spanish contribution declined since 1821 and grew weaker during the 19th century. At the beginning of the 20th century, Spanish workers arrived in the country to work in the construction of the channel. The Spanish immigration of this century has come mainly from the north, different from the one in the 16th century.

The African Presence

The African presence was determinant for the Panamanian of today. After the natives left the central isthmus, the Africans activated the economy as slaves and later as free men. Due to the class-conscious nature of the colonial Panamanian society, the population was divided into classes according to a strict stratification system which changed as the colonial period progressed.

With the Spanish and the criollos on the top of the pyramid, the system discriminated the natives and the Africans and their combinations. This combinations can be studied and seen in the exhibition of pictures at the Museum of America, the Museum of Madrid, the Anthropology Institute Museum, the Museum of Mexico and the Imperial Museum of Viena; among these, we will mention: the castizos and sexterones, the quinterones, cuarterones and tercerones, the mestizos, mulattos, zambos and many other curious combinations as "salta atrás", "tente en el aire" or "no te entiendo".

The classes were assigned to hand or "mechanical" labor, and were also despised by Spanish and criollos. In Panama, the free black man devoted himself to less valued jobs, and together with the slave or the servant not only built churches, ramparts, houses and local roads, but also sailed ships which carried goods and men through the transisthmic stripe.

Besides the cultural influence exerted by the Spanish dominant groups during the colonial period, there were also African elements that influenced the Iberian colonist and his descendants; and Spanish factors that influenced the subordinate groups (African natives and their mixtures). These, later on, turned into the foundations of the future Panamanian population and began to feel —perhaps since the 18th century— like subordinates of the Panamanian territory. The result of this whitening and blackening process —the so called colonial classes— is present in the origins of the isthmic population of today.

Therefore, it would be impossible to understand the Panamanian nationality without considering the contribution of these three ethnic ingredients that have been present since the Renaissance in the isthmus. To these racial sources we would have to add the territory of the Audiencia of Panama, the Castilian language, the religion and a particular way of being.

New Cultural Additions
Until the middle of the 19th century, the Panamanian cultural scenery was formed by the three important sources mentioned above. In the second half of the 19th century, other cultural movements influenced the country such as the Chinesse, the Antillean African, the Hebrew, the North American, the Northern and Meridional European and somehow the Indian.
During the California Gold Fever (1849-1869) the transit zone, which had been affected by a recession starting in the first years of formal Republican Independence (from 1824 on) and by the poverty during the second half of the 18th century, becomes international and cosmopolitan.

By then, there was only one period of commercial increase from 1810 to 1824. The first years of the decade of 1850 brought remarkable changes such as the opening of the Transisthmic Railway in 1855 and the emergence of Federalism in 1856 (until 1886). The isthmus is then visited by immigrants from all over the world: French, British, North American, Colombian and Latin American.
Later, in the decade of 1880, the Count Ferdinand de Lesseps attempted the perforation of the Interoceanic Channel. This brought once more the French and cosmopolitan influence both to the elite and the

imported proletariat from the British and French Antilles.
Finally, during the viceroyalty of Nueva Granada which Panama was part of in the 18th century, Colombia made an important cultural contribution of human flow coming from Chocó, the Atlantic Coast, Viejo Cauca, Cundinamarca, Antioquia and the Santanderes. The 82 years of union with Colombia influenced the local culture which was upset by the North American penetration of this century. Colombia left its legal, educational, literary, artistic and spiritual stamp in the isthmus.

Republican Variations (1903-1994)
The Panamanian cultural mosaic was marked by several important events. The independence from Colombia (1903), the signing of the Sovereignty Treaty (1903), the ending of excavation works by the Americans (1914), the continuation of a North American Protectorate Period until 1936, the establishment of primary schools, the creation of secondary schools and the fundation of the National University of Panama on October 1935.

Demographically, the urban society suffers the impact of the arrival of immigrants that, in a short time, turn the morphology of cities such as Colon an Panama. Among the groups arriving in the former century, the presence of the Antilles and the East increases. Authentic Chinnese, Barbadian and Jamaican ghettos are born.

On the other hand, the zone of the Panama Canal is created and a Colonial Seat strenghtens in the center of the Republic; and a North American southern society based on social and wage discrimination settles down.

Also, individuals from other North American, European, Sefardi-Hebrew, Sirian Libanese, Central and South American origins arrived in the Isthmus. If the basic personality of the Panamanian could be figured out, it would be feasible to perceive the trace of different cultural patterns. Some anthropologists describe him as cheerful, outgoing, festive, hospitable and easy going. Others say that the new times have made him cynical, lazy, hyperindividualistic and consumerist. It is also said the Panamanian has been through self-esteem spoliation stages, and that an inferiority complex still exists.

With regard to the question: What is the Panamanian? It would be convenient to study his origin carefully and persistently.

Folklore

Dora P. Zárate

Much has been said about the identity of a people or culture: That *intangible something* that makes one group different from another, even though both may share the same form of government or may have identical industrial, economic and educational policies. This particular collective character thrives on folkloric culture. Though the intellectually erudite may try to erase their roots, when they least expect it, even they will reveal the *folk* soul that we all carry in our hearts. Figuratively speaking, the cultural mother's milk that fed us has nourished us with our own particular traditions; this is a source that will never run out and will never die. It reveals who we truly are, and there is no escaping this identity. For these reasons, the next few lines will be dedicated to painting a picture of Panama's rich folklore in the hope that some of our most precious manifestations of self can be brought to light.

It is important to note that people express their true character when they are able to act without the encumbrance of special rules of courtesy. Thus, the best opportunity to see Panamanian culture as it really is lies in the many celebrations that we enjoy each year in this country. On these holidays, we dress up in the most typical of costumes, break out in our native dances, listen to our music, sing... In all of these expressions of festivity, you can see our beliefs, our stories, our sagas, our regional food... By experiencing one of these jubilees, tou can enjoy yourself and jump right into all that is Panamanian, a culture rich in content and expression.

Among our best-known celebrations is Mardi Gras, called "*Carnaval*" here. The people of this country really take this festivity to heart. In fact, there is even a saying that states, "The only thing that each and every person in Panama takes seriously is *Carnaval*." All other activities are put on hold for four full days while the whole country dives head first into the waters of merrymaking and revelry. It is hard to believe that there could be a single soul who has not heard of this universal cultural manifestation, which has such deep historic value. In fact, there are few places like Panama capable of giving new life to far-off epochs and of reproducing the elements that characterized those times with such fidelity—this modern-day *Carnaval* reminds us of the Roman Festival of Saturn of pagan antiquity. Now, just as in the days of old, you can feel the insanity of water, fire, drunkenness—not only the intoxication of the earthly senses but also of the spirit. Here, just as in that far-off land and time, there are costumes, masks, typical garb, beauty contests that last for four days; allegorical chariots, the burial of *La Sardina*, the survival of the sacrifice that was performed at the end of the Saturnian orgies of the king of the festivities.

Panama's folkloric festivals are also a greenhouse for showing off our traditions. Two of the most important of these celebrations are the famous *Mejorana* Festival in Guarare and the *Manito* Festival in Ocu. In these jubilees, there is a veritable exaltation of instruments, music, song and the dance of the *mejorana*, a practice which is certainly the most hispanic musical manifestation that we have in Panama.

During both *Carnaval* and the festivals, typical costumes reign supreme, especially elaborate feminine attire: One costume, called the *pollera*, is the most beautiful typical costume in the world—its opulence, its aesthetic beauty, its rich hispanic heritage is that of all of the outfits from Spanish America. Nevertheless, here, the combination of the Spanish flair and the geography, aesthetic taste and sensitivity of Panama have resulted in a costume that is different from all the others that grew from the seed of the Spanish woman.

The gala *pollera* is used only on important occasions. It is woven from white thread embroidered in colors (or sometimes in white also); the markings are varied, sometimes elaborate, sometimes simple; sometimes darned, sometimes hemstitched. To this basic garment, gold jewelry handed down from generation to generation is added. Some obligatory elements are a series of chains with different linked patterns: a *cadena chata* ("flat chain"), then a *cadena bruja* ("witch chain"), a *cadena medianaranja* ("half-orange chain"), a *cadena solitaria* ("single chain"), a *cadena cola'e pato* ("ducktail chain"), the latter having a link design dating back to the Egypt of the Pharoahs. (In fact, when Nefertiti's jewels were on display in Paris from 1967 to 1972, there was a *cadena cola'e pato* among her finery). We also wear other chains, such as the *cadena salomónica* ("Salonomic chain"), the *cadena cabestrillo* ("necklace chain"), the *cadena escapulario* ("scapulary chain"), the *cadena del rosario* ("rosary chain"), the *cordón de Mosqueta* ("Mosqueta's chain"), the *cordón de Tomatillos* ("lathe chain") or the *cordón de abanico* ("décolletage chain").

With the *pollera*, you cannot forget to decorate your head as well, with at least three pairs of gold-plated side combs, a large ornate back comb, a headcovering, temple-plates—called *parches*, and of course, earbobs. The neck is not neglected either, with adornments like the *tapahuesos* ("literally, "bone-coverer")—a gold or cloth strip with a hanging charm or cross. In addition, the center of the chest bears a god and silver embroidered wool adornment with a rosette of pearls. The waist shines with the buttons of the full slips used with the *pollera*. Even the slippers for the feet have golden buckles that give more than a little flair to the laces on the upper part of the shoe. Finally, every finger bears a gold ring, and both wrists are weighed down with a glut of bracelets and bangles. In fact, if a Panamanian woman decked out in all of her *pollera* finery is robbed, the thieves will make off with no less than 50,000 Panamanian *Balboas* (equivalent to US$50,000)—based on current gold prices. That sum does not even include the 1,000 *Balboas* that the outfit itself costs nor the other 1,000 for the slips.

The mountain *pollera*, on the other hand, is more of an "everyday" outfit. The skirt of this version is flowered or striped percale, and it does not come with as many trappings. Another version of the *pollera* is the Veraguas, which is based on the Herrera version. It does not have as much embroidery and handwork, but the set of combs that is used with this costume is truly amazing.

The man who accompanies a woman decked out in a *pollera* and all of the rest of its finery usually wears a white shirt with gold buttons, black wool pants, a *pintao* hat and black shoes. Folk dance troups have tried to impose the use of a white dance slipper with a black heel, but don't let yourself be fooled by this artifice. No self-respecting Panamanian peasant would be caught dead wearing anything like that on his feet. If thw female partner is wearing the Veraguas or Ocu *pollera*, the man should wear *pintao* (literally, "painted") clothes, a style that the rest of Panama calls a "mountaineer" outfit. This attire consists of a shirt and shorts made in rustic fabric, either a raw cut or rough weave; the shirt is embroidered with cross-stitches and a "macaroni-shell fringe" in red, blue or burnt orange, the most traditional colors; the pants, however, have no fringe. The men also wear white straw hats with black bands. They normally go barefoot, using only rustic sandals called *cutarras*, if they wear anything at all on their feet. The finishing touches are a little club, called a *garrotillo*, a little straw or string knit bag called a *cebadera*, or a *chuspa*, a type of bag made of iguana leather.

Another typical celebration that falls into the same general category as these festivities are the *cantaderas*, a type of Panamanian folk cantata. In fact, it seems reasonable to believe that this country is the place where the practice of singing *décimas*—country ballads—has its strongest base. With the sound of the *grito* and the *saloma* to keep them company, since these instruments usually introduce any *décima* performance, the singer from Panama's countryside pours his heart out into the song, filling it with his love, worries, social and political criticism, beliefs and even with his sins and pecadilloes. The melody of his song is sustained by the music that flows from the famous five-stringed folk guitar, a descendant of the Spanish five-stringed instrument, which dates back to before the 15th century. This device is perfect for playing the torrid lines of songs such as *Mesano, Gallino, Zapatero, Valdivieso, Llanto, Pasitrote, Ronquina, Poncho, María*—the list would be too long to complete in the small space available here. As you can see, there is sufficient variety to satisfy even the most demanding tastes.

Nevertheless, there is much more to Panamanian music than the *décima* style. There is also the *Tamborito*, popular among students' singing groups—called *tunas*—such as *Calle Arriba* and *Calle Abajo*. There is also the free *cumbia* and the *cumbia amanojá*.

Of these, the *tamborito* is probably the most essentially Panamanian. It is our national dance and one of the more complete manifestations of our culture because of its songs, lyrics, melodies and rhythms, instruments, and dance. When it is an elegant occasion, the *tamborito* also boasts the brilliance of typical costumes. The beat of the drums is reminiscent of our African roots, those blows resounding on the leather surfaces of those instruments that taste so intensely of the jungle. The song of the *cantalante*, with his raw voice that knows how to improvise on a pentagram without missing a beat, the wild choruses and the clapping hands. This style is blessed with melodies that are very African while at the same time innately hispanic. You see, this dance style of ours comes to us from very far away; its forms were already popular in the 15th century, according to the revelations of Father Labat, who traveled through Spain in those days and who describes the dances of the blacks in Seville (movements that were prohibited by the Kings becasue they had "contaminated" the Spanish themselves, who threw themselves into these styles with heady abandon).

This long-gone priest's description of the way this dance was performed corresponds exactly to those now common in the towns of the Darien region—the *bullarengues* and *congos*—elements, as every real Panamanian can tell you, that gave birth to our drumbeat dances.

There are also countless variations of these styles that are worth a look. There are the highly dramatic *tamboritos chiricanos*—the varieties of Veraguas, Herrera, Los Santos, Cocle, Colon, with its drums—and the *congos* of Portobelo, San Miguel de las Perlas, Chorrera and Darien. As far as the *cumbia* goes, Panama continues to fight over ownership of the dance style with its inventor, Colombia. Both varieties of the style are similar, but in Panama, there is a conglomerations of variants that range from the very black to the very white and almost asexual of the Ocu regions, where the rhythm of the black *cumbia* moved, exchanging drums for strings.

It would not be right to finish off these lines without mentioning a religious celebration that brings several dances together that are representations of our Republic: The Corpus Christi Festivals based out of La Villa de los Santos. This is the perfect place to see the most attractive representations of the typical dances of Panama. One of this little town's most spectacular celebrations takes place forty days after Holy Week; so breathtaking is this event that it has given rise to a saying, "Spend Holy Week in Seville [Spain], and then go to La Villa." You can see dancers whose colorful costumes have made them famous far and wide, as has their prowess for executing complicated steps as if they were simple—making up a very attractive show for visitors. This celebration is perhaps the purest taste of Panama's folklore—with the flavor of the start of colonization some 500 years ago.

It was then that the Spanish adventurers arrived, clearing these lands of their aboriginal cultures, like so much worthless brush, and remaking society as per their own cultural patterns. Political, social and religious doctrines were planted in the minds and hearts of the indigenous people of this part of the world. Undoubtedly, the big winner in this formidable struggle was the Catholic Church. A very intelligent tactic that was taken was to adopt the rites and customs of the aboriginal pagan practices and fit them into Christian molds. Slowly but surely, the necessary syncretism came about to yield a single fruit—a fruit whose flavor might seem a little strange, but which has a flavor all its own.

The dance forms you can observe today during the Corpus Christi festivals is the modern manifestation of that admirable symbiotic relationship. Look closely and you will recognize the characteristics of the faith that were contributed by the Spanish as well as the features from the indigenous pagan rites. One of the most incredible examples of this is the dance called *Los Grandiablos* (literally, "The Great Devils"), because it contains a true allegorical religious play called *La Cuarteada del Sol* ("The Splitting of the Sun").

The dance begins with the Major Devil, who has reached an agreement with his companion in fromt of the Church. The devil then does a pantomime of cutting the sun into pieces with his *machete* so that the rains can come to the surrounding lands, which traditionally suffer prolonged dry spells. At this point, strangely enough, it often starts to rain, and the dancers usually finish their show under a light sprinkling or drizzle in the atrium of the church, on the streets, in the squares, just like in medieval times when the street was the perfect stage for the theater of religious recreations. Some of these dances have speaking parts and are truly theatrical wonders, like *Los Grandiablos, El Torito, Los Montezumas* (either the Spanish version or *La Cabezona*), *Las Enanas, El Zaracundé* or *Los Cucúa*. Others are mute, such as *Los Diablicos, La Pajarilla, Los Diablos de Espejo, La Mojigangas* or *Parrampanes*, and are really danced mimes.

Finally, no account of Panama's dance folklore would be complete without taking into account the rich selection of regional variants, which you can find all over the national territory, from Darien all the way to Chiriqui.

Glossary

Balboa
The national currency of Panama, which has the same moentary value as the US Dollar. *Balboas* are issued in the same denominations as dollars, with coins worth 1, 5, 10, 25 and 50 cents. No paper money or bills are issued, however.

Bullarengue and Congos
The *bullarengue* is a regional dance from the Darien Region near the Colombian border that is marked by a strong drum beat. *Congos* are regional drum dances from the Colon Province on the northern Caribbean Coast of Panama.

Cadenas [and Cordones]
A variety of elaborate gold chains whose names come from the different woven patterns of their links. These are an important part of the *pollera* outfit, and come in many varieties, such as *cadena chata* ("flat chain"), *cadena bruja* ("witch chain"), *cadena mediana-ranja* ("half-orange chain"), *cadena solitaria* ("single chain"), *cadena cola'e pato* ("ducktail chain"), *cadena salómonica* ("Salonomic chain"), *cadena cabestrillo* ("necklace chain"), *cadena escapulario* ("scapulary chain"), *cadena del rosario* ("rosary chain"), *cordón de Mosqueta* ("Mosqueta's chain"), *cordón de Tomatillos* ("lathe chain") or *cordón de abanico* ("décolletage chain").

Cantaderas
This is a gathering of singers of *Mejorana*—more like a singing contest or competition. The winner is the one who shows that he knows more *décimas* and *Mejorana* tones.

Cantalante
The soloist who sings *Tamborito*.

Cumbia amanoja
This variety of *cumbia* is not danced in a circle. This is ballroom *cumbia*, and the couple dances it just like any other style, in each others arms…

Danza de Grandiablos
These are different "Corpus Dances", part of the popular festivals that accompany the religious celebration of Corpus Christi in Panama. They include: *Diablicos, Pajarilla, Torito, Enanas, Cucúas, Montezuma, Mojigangas, Parrampanes* and *Zaracundés*.

Grito
A special peasant formula for singing out at parties, accompanied by drumrolls or to express utter desolation.

Manito
The name given in Panama to those from the Ocu district.

Mejorana
A traditional five-stringed peasant guitar; the music played on that instrument; the sone of *décimas* that accompanies this instrument's music; the dance that is done to this type of music.

Pollera
A feminine costume typical in Panama, which is almost always the winner of international competitions of traditional garb for its richness, opulence and beauty.

Saloma
A guttural sound that, depending on the variation, can be either a sonorous element or a complete melodic unit; it can be anything from a scream to a yelp, it can be the imitation or repetition of what can be called *colorata*, which combines falsetto tones with the natural voice and can even be used to sing text. There is no musical accompaniment to this style. The peasants use it to pass the time doing chores. Thus, there is a *saloma* for milking cows, a party *saloma*, one for grinding corn, one for driving cattle, one for love… This accompanies the country folk in their solitude and despair.

Talco
Handicrafts and adornments for *polleras*, they are consistent in style, and can be colorful or white alone can be used.

Tamborito
The national dance of Panama (as a couplet puts it: 'The most beautiful things in the world / No one would dare deny it / are the *pollera*, the *tamborito* and the Panama Canal.").

Tembleques
Gold- and silver-embroidered flowers with pearls or sequins that are used to decorate the head-covering of the *pollera* costume.

Torrente
The melody of the *Mejorana*. There are many different tunes, depending on the desired scale. To name just a few of the infinite selection, there are the *Mesano, Galindo, Zapatero, Valdivieso, Poncho, Llanto, Pasitrote, María* and the *Ronquina*.

Panama: World Ecological and Tourist Paradise

Pedro Campagnani

Panama is a world paradise. Its privileged setting concentrates within its scarce 75,517 square kilometers area vast ecological treasures born three million years ago when the Isthmus of Panama, joining the north and south land masses, surfaced from the ocean. Throughout time the flora and fauna from both Americas, which evolved independently, joined at the Isthmus, generating an amazing biodiversity.

Panama's recent governments have given top priority to its development and conservation. More than 1,398 tourist attractions, including beaches, mangroves, forests and natural spots have been inventoried and classified. In 1991 the Panamanian Tourism Institute and the OAS completed the 1993-2002 Tourism Development Master Plan. This project has anticipated the future by defining policies and private and public investments for development of the nine tourist areas into which the country's territory was divided. This will provide the basis for the extension of tourism beyond Panama City which concentrates 75 percent of its demand and supply.

The Capital City's cosmopolitan character is from centuries past, since when the Isthmus was made America's royal highway (1542-1855) and the world's first transcontinental railway was built (1855): the Panama Railroad. This was later highlighted with the completion of the interoceanic canal in 1914, a marvelous engineering feat, attracting thousands of tourists from all over the world lured by the passing of ships through lakes and locks. The Colon Free Trade Zone contributes to this cosmopolitan atmosphere. It is the Western Hemisphere's largest and least expensive wholesale market with one of the world's most important banking centers.

Panama City and Colón, as well as Contadora and Taboga islands with their natural charms, corner the attentin of tourists. In just one day Panama City offers the visitor the option of enjoying the ruins of the Colonial City, sacked in 1671 by Morgan the Pirate; as stroll through the Old City's streets and viewing of colonial art in churches such as San José and Santo Domingo; Summit Botanical Gardens and 300 museums, art galleries and nightspots.

More than 84 ship cruises cross the Canal each year. Industry firms from Florida, United States, are planning cruise terminals at Amador, on the Pacific, and Cristobal, on the Caribbean. This will make Panama an important cruise destination with over 2,000 tourists aboard. On the other hand, just 35 minutes by car lies Gatun Lake, an ecological wonder, and surrounding national parks, providing exceptional opportunities for growing international ecotourism.

Panama's hotel infrastructure has grown tremendously. There are 240 establishments with 9,679 rooms and 30,949 beds in 52 cities or spots. Hotels are classified into seven categories, all the way from small inns to five star establishments.

The rest of the country still enjoys unexplored paradises: islands, mountains, ecological and cultural enclaves. About 29 per cent of the territory is made up of virgin protected land housing half of the world's flora represented by 15,000 species. The bird population has 940 species which is more than what Canada and the United States have put together. Panama enjoys two spots which boast birdwatching records which may be visited on the same day: Achiote, in the Province of Colón, having more than 385 species, and the Gamboa oil pipeline trail with 525. The country has a considerable reptile, amphibious, butterfly, fresh and seawater fish and coral reefs population and in excess of 1,500 tree species. That is why the Smithsonian Tropical Investigation Institute operates in Panama. The Institute is considered a mayor tropical biology investigator.

National parks cover more than 1.4 million hectares and occupy 17.67 percent of Panama's land area. Foggy forests are home to the exotic quetzal and to endangered species such as the white tailed deer, the white and black faced monkey living along the Chiriquí heights; the Bocas de Toro jungle rapids and the historical and scientific trails along river banks such as the Balboa and the Scottish Darien

...ungle trails, have made Panama's ecotourism a worldwide attraction.

Aware of this natural emporium, the Master Tourism Plan, developed thanks to the support of the Japanese Agency for International Cooperation, includes a program for development of coastal resources and a new tourism investment incentive law to attract local and foreign capital. Pursuant to the above, IPAT undertook an ambitious marketing plan based on investigations, product development and strategy design to interest the international community. This important project seeks to strengthen ecotourism in seven of the nine tourist areas to achieve benefits for the greater part of the country from this new national industry.

IPAT initiated the master plan with 14.5 million dollars which shall be shared by selected areas. Each region must understand its program to enjoy the government and private contributions. The plan will generate a better utility infrastructure and 75,000 jobs within a decade and in 1997 three to four new 400 to 500 room hotels are foreseen to support the country's growing tourism. Also, the master plan X-rayed the natural patrimony and defined current and future investment options which will allow Panama to consolidate the standing of its ecological and travel destination paradise within the next decade.

Autores

Luis H. Moreno

Ingeniero, economista y banquero, completó una extensa hoja de vida con la gestión al frente del Banco Nacional de Panamá (1989-1994). Anteriormente había sido gerente general del Chase Manhattan Bank durante más de quince años, precedidos por varios años de servicios en otras funciones dentro de esa entidad. Intelectual laureado y miembro de varias academias, ha sabido dejar la impronta de su inteligencia en las letras panameñas.

This engineer, economist and banker has headed up the leadership of the National Bank of Panama from 1989 to 1994. Before that, he was General Manager of Chase Manhattan Bank for more than 15 years, preceded by various years of service in other areas of the same entity. A lauded intellectual and member of various academies, Moreno has been able to leave the indelible mark of his intelligence on the body of Panamanian Erudition.

Jorge Kam Ríos

Licenciado en geografía e historia por la Universidad de Panamá, hoy dirige la Biblioteca Marcos McGrath de la Universidad Santa María la Antigua, donde desempeña las cátedras de historia y antropología. Miembro correspondiente de las Academias de Historia de Panamá y de Colombia. Autor de diversas obras sobre sus especialidades. Varias veces galardonado.

Earned his degree in Geography and History from the University of Panama. He is now the director of the Marcos McGrath Library at the Santa Maria la Antigua University, where he teaches History and Anthropology. He is also a corresponding member of the Panamanian and Colombian Historic Academies and the award-winning author of various works in his areas of specialty.

Alfredo Figueroa Navarro

Doctor en sociología de la Universidad de París. Licenciado en sociología de la Universidad de Lovaina y bachiller en derecho de la Universidad Libre de Bruselas (Bélgica). Profesor de sociología de las Universidades de Panamá, Santa María la Antigua y del Istmo, a partir de 1977. Es el más calificado autor de libros y estudios sociológicos sobre Panamá.

A PhD. in Sociology from the University of Paris, Figueroa also holds an undergraduate degree in Sociology from the Université de Louvain in Belgium as well as a Baccalaureate Degree in Law from the Université Libre in Brussels, Belgium. Since 1977, he has taught Sociology at the University of Panama, the Santa Maria la Antigua University and the Isthmus University ("Universidad del Istmo"). He is the most noted authority on the sociology of Panama and has authored numerous books and articles on this subject.

Guillermo Chapman

Economista y consultor de importantes instituciones panameñas y extranjeras, sacudió el ambiente del país al revelar en 1985 la realidad de la economía popular. El respeto de que ha estado rodeada su carrera profesional, al frente de una acreditada firma de consultoría, llevó al actual presidente Pérez Balladares a llamarlo a su gabinete ministerial al frente del decisivo Ministerio de Planificación y Política Económica donde actualmente se encuentra.

This economist and consultant for important Panamanian and foreign institutions shook up the whole nation in 1985 when he revealed the reality of the popular economy. His professional career at the head of a prominent consulting firm has earned him a universal respect, which led current President Pérez Balladares to name Chapman as his Minister of Economic Planning and Policy, a post that he still holds at present.

Nicolás Ardito Barletta

Ex presidente de la República de Panamá (1984-1985), ex ministro de Planificación y Política Económica, vice-presidente del Banco Mundial para la América Latina y el Caribe, doctor en economía de la Universidad de Chicago, fue el creador, en 1971, del Centro Bancario Internacional de Panamá y fundador del Banco Latinoamericano de Exportaciones (BLADEX). Asesor de diversas instituciones y organismos internacionales.

This former President of Panama (from 1984 to 1985), former Minister of Economic Planning and Policy and former director of the Interamerican Development Bank (IDB) holds a PhD. in Economics from the University of Chicago. Ardito created the International Banking Center of Panama in 1971 and is the founder of the Latin American Export Bank (BLADEX). In addition, he advises a variety of international institutions and organizations.

Dora P. de Zárate

Junto con su fallecido esposo, el profesor Manuel F. Zárate, han sido los cultores por excelencia del folclor panameño, sobre el cual han realizado profundas investigaciones en desempeño de sus cátedras en la Universidad de Panamá. A los esposos Zárate se debe la institucionalización de los festivales folclóricos que cada año prolongan en Panamá una tradición cultural de siglos.

Along with her deceased husband, Professor Manuel F. Zárate, Mrs. Zárate has been a champion of Panamanian folklore, an area in which she has done in-depth research as part of her teaching career for the University of Panama. The Zárates are responsible for the institutionalization of folk festivals that has helped keep a centuries-old tradition alive in Panama.

Victoria H. Figge

Licenciada en administración de negocios, su carrera como dirigente del sector empresarial privado la llevó a la presidencia de la Asociación Panameña de Ejecutivos de Empresa (APEDE), de donde fue llamada por el presidente Ernesto Pérez-Balladares a desempeñar la gerencia general de la Zona Libre de Colón.

With a degree in Business Administration, her stellar career as a business leader in the private sector led her to be chosen as President of the Panamanian Association of Business Executives (APEDE), a post she was forced to leave when current President Ernesto Pérez-Balladares called on her to take on the General Manager's position for the Colon Duty-Free Zone.

Gilberto Guardia Fábrega

A la cabeza de una dinámica empresa de ingeniería, el ingeniero Guardia ha estado presente en los momentos decisivos del progreso de Panamá durante las últimas décadas. En 1990 fue postulado por el gobierno panameño como administrador de la Comisión del Canal de Panamá, la compleja entidad que maneja el canal interoceánico. Su período en el cargo culminará con la reversión del canal en 1999.

Engineer Guardia has, as the head of a dynamic engineering firm, participated in the most decisive moments of Panama's development over the last few decades. In 1990, he was named by the Panamanian Government as the Administrator of the Panama Canal Commission, the complex entity that handles the inter-oceanic waterway. His responsibilities in that post will reach their climax with the reversion of the Canal into Panamanian hands in 1999.

Pedro Campagnani Tejada

Nació en la República de Panamá. Cursó estudios en la facultad de Arquitectura de la Universidad de Panamá e inició su carrera en la industria turística en el Instituto Panameño de Turismo en 1969, donde se desempeñó hasta 1973, fecha en que establece su propia empresa de agencia de viajes. Ocupó el cargo de gerente general del Hotel El Panamá. Sus años dedicados a la industria turística lo hacen merecedor del cargo que actualmente desempeña como gerente general del Instituto Panameño de Turismo, institución regente de esta industria en Panamá.

Born in the Republic of Panama, Mr. Campagnani took courses in the Architecture Schooll of the University of Panama and began his career in the Tourism Industry at the Panamanian Tourism Institute in 1969, where he worked until 1973, when he set up his own travel agency. Mr. Campagnani also occupied the post of General Manager at the Panama Hotel. His your of dedication to the tourism industry have earned him the position that he currently hold, that of General Manager of the Panamanian Tourism Institute, the primery entity in the industry in Panama.

*Fotografías de la primera edición que
se incluyen en el presente libro:
Alvaro Gutiérrez.*

*Fotografías Oscar Alvarez
Páginas: 19 (arriba), 56, 57, 58-59, 62-63, 64, 68, 69, 70, 73 (arriba),
76, 77, 78, 79, 85, 88, 90, 91,94, 96, 100, 102, 104, 105, 108 (abajo), 109 (abajo),
110, 111, 115, 118, 121 (izquierda), 122, 123 (arriba - abajo izquierda,
abajo derecha), 128, 129, 158, 159 (abajo derecha, abajo izquierda), 163, 164, 165,
166, 167, 168-169, 172 , 173 (arriba), 176, 180, 181, 182, 183,
184, 190, 193 (abajo), 197 (arriba), 203, 211, 219, 221, (arriba izquierda,
abajo derecha), 222, 223, 224, 225, (abajo derecha, abajo izquierda), 226, 227,
228 (arriba), 229, 230, 231, 233,247,249 (arriba).*